bi wählang un blangenbi

Vauds - Verlag am Ufer der Schlei

Helma Jebe

bi wählang un blangenbi

Plattdeutsche Kurzgeschichten

Lange Straße 40
24399 Arnis
www.vauds.de

Umschlaggestaltung: Vauds.de
Titelfoto: Susanne Daniel-Brietzke

ISBN: 978-3-9815972-2-6

Freut ju op:

Biller

Nee, ober ok! Mien Schwester weer rein ut de Tüüt. Dat bün ick? Wat seh ick dor bloß op ut! So old, un mit so veel Runzeln! Oh nee! Dat wies bloß keen, schmiet dat man glieks weg! Se keek op dat Bild, wat ick vun ehr knips harr. Dorbi meen ick, dat weer richdig fein woorn.

Vun annern mook ick gern Biller, bün ick sülm nich op to seh´n.

Man nu sitt ick vör de Knütt! Een *nettes Foto* bruuk ick nu vun mi. Ick bün so, as ick bün, un so seh ick nu mol ut. Klor! Man ick bekiek mi nich so öff sülm, un mit mien Gesich mööt annern klor komen.

Nu geiht dat los! As erstes: wat treck ick an, wat vun Farv sall mien Tüüch hemm, wat pass am besten to mi? De Bluus mit de Blomen? Oder ´n beten wat hoch an de Hals?

Een Bild vun mi irgenwo hingeven fallt mi schwer. För de Krankenkass, för de nie Versekerungskort, dat güng groode noch. Loot se vun mi denken wat se wüllt. Man för anner Gelegenheiten?

Vör ´n poor Johr bruuk ick ´n nie Utwies. Dat Foto müss biometrisch ween, heet, keen Mien vertrecken un stuur in de Lins kieken. Wat dorbi ruutkeem harr in´n Verbrekeralbum pass. Weer ´n Fruu op to sehn, vun de een denken kunn, dat se oole Fruuns de Handtaschen klaut oder Männer verhaut.

Dütt Bild, wat ick nu bruuk, sall jo ganz schön warrn. Man wie nu kieken? Liek no vörn, direkt in de Lins´? Oder ´n beten no de Siet, över de Schuller? Nees un Kinn no ünnen oder eher no boben?

Fründlich wüll ick utsehn. Man wenn ick grien, heff ick ´n scheefe Schnuut un dat eene Oog häng ´n beten. De linke Siet is anners anners as de rechte, so as bi de mehrsten Menschen. Ober mutt dat bi mi jeder glieks wies warrn?

Dat is nu mol so, ick loot mi nich gern aflichten! Un wenn dat liekers ween mutt un ick de Biller achderno to sehn krieg, mien Begeisterung hölt sick in Grenzen.

Man nütz nix! Dormit dor eenigermoten wat bi ruutkümmt, help wull bloß: Af no de Spegel, un öven, öven!

Fröhjohr un Figur

Glieks noh Wiehnachen geiht dat los! Kümms an keen Zeidung, an keen bunte Blatt vörbi, ohne dat dor ´n Patentrezep in is to Afnehm, rank un schlank to warrn.

Ick mutt togeven: Ok ick koom ümmer ´n beten to goot över de Winder!

Wenn de Sünn höher kümmt, een dat Windertüüch nich mehr sehn un antrecken mag, hol ick dat för´t Fröhjohr ut Schapp, ick heff noch ´n poor Büxen vun´t letzt´Johr hängen.

Man, wo kann dat angohn? Ick wüll se antrecken, ober de pass nich! Al, wie se dor sünd! Goht nich mehr to! Wat nu? Een Versöök: Luff utpusten, anholen, Büx to. Man denn wedder Luff holen, ohne geiht op Duuer nich! Op´n Stohl setten? Dat Toveel an Buuk versöch, sick to verdelen, no boben hin! Quetsch un drück mi alles af!

Över Winder löppt mien Tüüch in! Vun ganz alleen! Ick glööv, in´t Klederschapp sitt lütte Beester, de dat lütter freet! Sünd nich to sehn, nich to foten, ober se sünd dor! Un de letzte Winder harr dat in sick, weer so lang!

Harvst un Winder, wenn de Sünn sick mehr un mehr versteken deit un Advent un Wiehnachen sünd nich wiet. Buten ruusig un kold, binnen warm un gemütlich! An´n Nohmiddag ´n Tass Kaffee, dorto ´n Stück Kook oder tomindst ´n poor Plätten!

Un de Schokolood! Wat leckert mi de an! Schokolood is gesund! Wenn nich för´t Liev, denn doch för de Seel! Hett de Mensch Schokolood, schient för em de Sünn innerwennig. Schokolood mook glücklich!

Lange Tied heff ick üm de Plätten, de ick back heff, ´n groode Bogen mook. Man ehe se old warrt, mööt de doch vertehrt warrn! Un de Schmeernööt ...

Wat denn noch över de Dag in mien Mund wannert, warr ick gor nich rech wies to! Hier ´n Zippel Wust, door ´n Stück Kees, un de Rest vun´t Middageten steiht noch op de Herd. Sall ick dee wegschmieten? Deit mi in de Seel weh!

Dat Söte, wat in´t Huus is, heff ick nich för mi köfft! Dormit ick wat antobeden heff, wenn unverwohrens een vörbikümmt! Man, dat is merkwürdig! Ok wenn keen Besöök bi mi west is, de Kroom is in nullkommanix all!

No dat Sööte heff ick ´n richdige Jieper op wat Defdiges, Fastes. ´N Stück Brot mit Schink, Wuss, Käs... ober nich fettreduziert, denn Fett is ´n Geschmacksträger. Un wo blifft dat, wat ick op düsse Ort un Wies to mi nehm? Direkt un ohne Ümweg sett sick dat bi mi fast, op Back, Buuk un op de Hüften.

Man wat sall ick moken? Ick mutt dat eten! Dorgegen angohn kost so veel Kraff! Un Fröhjohr un Sommer sünd noch wiet weg. Beet dorhin ...

Denn mag ick dat Ding, wat in uns´ Boodestuuv steiht un mi mien Punnen wiest, wenn ick dorop stiegen doo, nich ankieken! Dat is nich to besteken, dat segg de Wohrheit! Een Wohrheit, de ick so genau gor nich weten wüll!

Dorbi mag ick af un an gern Grönfudder un luder gesunde Kroom ganz gern eten. Man dat höllt nich lang an, is nich vun Duuer.

Wenn dat Sommer warrt, de Sünn schient un de Luff warrt warm, womöglich sogor hitt, denn mag ick gern mol to Woter gohn un dor ´n beten in rümspaddeln.

Nu pass sick Boodeantöög jo ganz komodig an de Figur an, ok an mien. Ober, kann ick dat Bild verdregen, wat mi ut de Spegel ankiek? Mien egen Rettungsringe bewunnern? Dormit dat nich so opfallen deit, kunn ick jo so´n Hängerchen, ganz locker un salopp, övertrecken, wenn ick mi op de Weg no´t Woter mook ...

Man nu koomt mi Bedenken! Denn ick wüll nich Schuld doran ween, dat de Ostsee op Stormfloot geiht, bloß, wiel ick mi dor in afköhlen wüll.

Adebor

De Menschen warrt ümmer komodiger! Gau warrt dat Auto nohm, steiht een Besorgung an. Tofoot lopen, mit Fohrrad fohrn oder gor mit Bus oder Bohn? Lever nich.

Nu hett sich de Tierwelt dat vun uns afkeken! Heistern un Kreihn rich sick al lang in de Neechde vun de Menschen in, in Dörp un Stadt, loot sick nich mehr stören. Fallt af un to ´n Mohltied för se af; denn bruuk se sick nich mehr so afjachdern, wat to Freten to kriegen. Un keener dörf se an de Feddern komen, dorför gifft dat Gesetze. De Derten weet dat!

Fröher, as Kinner, sünd wi in de Böhm klarrt un hebb de Eier ut Kreihnnest klaut. Dat sust hüüttodoogs mol moken!

Doch nu warrt de Hund in de Pann verrück! Op´n Golfplatz, nich wiet vun uns, hett sick Familie Adebor bequem inricht. Nich bloß, dat se keen Nest buun deen, so as fröher, hoch op Dack vun ´n Huus oder ´n Schüün, oder op´n Wogenrad, wat Lüüd för se hochböört harrn.

´N Golfplatz. Pleegte Rosen, kort schnee´n Gras. Un ganz veele witte Eier legen dor rüm! Dat harr´n se sick utkeken, hier wull´n se blieven, Herr un Fruu Adebor!

Se sammeln ´n poor Twiegen tosomen, de kemen platt op de Eer, denn bugsieren se ´n poor Golf-Eier dor rin un setten sick dorop. He un se, in Wessel, un fungen an to bröden. Seten un seten, leten sick vun nüms ut de Ruh bringen.

Wat kunn dor an´t Enn bi ruutkomen, bi al dat Bröden? ´N lütte Golfspeler womöglich?

Dormit se nich för ümsüns de ganze Tied op dat Nest seten, hebb Tierfrünn een Adebor-Ei mit rinleggt, to de Tennisbälle, un no´n Tied krabbel dor een lütt Adeborküken ruut.

Een kann de Adebors verstohn. Wat mook dat süns vun Arbeit, ehe de Jungen dor sünd! Nest buun, klappern, Eier leggen un denn ok noch bröden!

Mi sull mol verlangen, wat in´t tokomen Johr passeert. Koomt se wedder, de beiden? Wenn ick Adebor weer, ick wöör dat doon. Op so´n eenfache Ort un Wies krieg se nie wedder Junge.

Streken Iis

Papa, is dat ´n Steen? Dat ok? Worüm is de eene groot un de anner lütt? Worüm fallt de Vogel, de dor boben flügg, nich op de Eer? Mien Steen fallt rünner, wenn ick em losloten doo! Un de Blomen, de seht al anners ut. Worüm is dat so?

De lütt Schnöter vun Tine steiht keen Ogenblick still, alles wüll se weten.

Tine höög sick. Ehr Vadder harr ehr groode vertellt, se wulln losgohn un ´n Iis köpen. Iis, dat müch Tine to gern! Mit ehr knapp dree Johr harr se dat al mol schmecken kunnt. Sööt un kold, dat weer wat!

An düsse warme Sünndag harr Tine dat nie Kleed an, wat Mama ehr neiht harr. Lich un luftig, rot un blau kareert mit lütte witte Blomen dor twischen. Üm dat fiene Gesich vun Tine kringeln sick blonde Locken, blänkern Ogen keken plietsch in de Welt.

De Weg no de Iisloden weer nich wiet, man Vadder foot sien lütt Deern fast an de Hand. He versöch, ehr klor to moken, wat Leeges passeern kunn, wenn een Auto gau üm de Eck keem.

Ünnerwegens woor Tine soveel wies! Op Mool reet se sick vun Vadders Hand los un suus een lütt Poch achderan. Dat Deert hangel sick dörch dat lange Gras an´n Strotenrand, meis harr se em tofoten kregen!

Gau weer Vadder bi sien Deern un meen, vör luter Sorg al ´n beten verdreetlich: „Wenn du nu nich an mien Hand bliffst, denn is dat Iis streken!“

Dor kiek Tine ehr Vadder ganz groot an un meent: „Papa, kann ick ´n streken Iis ok eten?“

Urlaub

To dat Wort Urlaub fallt de mehrsten Menschen Sommer, Sünn un Strand in, un wat to Beleven.

Ick bewunner Lüüd, de veele Doog, womöglich wuchenlang, över de ganze Urlaubstied an Strand liggen möögt, sick in de Sünn oolt. Oder man bloß för ´n poor Stünn. In Koop nohmen warrt dorbi, de Weg vun de Parkplatz no de Strand to lopen, in all de Hitten! Mit Kinner, Köhltasch mit wat to Eten un Drinken, Sünnenschirm, Windschutz, Stöhl, ´n Büdel mit Speeltüch för de Lütten, de Hund an de Lien un Oma in Schleeptau.

Mehrstieds seht se al schachmatt ut, wenn se ankomen doot. Hebbt se denn de richdige Platz funnen, krigg Bello as erstes ´n Leckerli, de Kinner Sprudel ut de Buddel un Oma ´n Tass Kaffee ut de Thermoskann. De mittlere Generatschon buut Sünnenschirm, Windschutz un Stöhl op, un denn verholt se sick vun all de Strapazen.

Ick heff de Sünn ok ganz gern, un an de Strand is dat nett. An´t Woter langlopen, af un to mol boden, wenn´t hitt is. Ober in de Sand rümliggen? Nee! Man bether harr ick dat noch nich ernsthaft versöch. Dorüm wull ick dat nu weten.

Mien Experiment güng dormit los, dat ick mi twee Handdöker nehm. De harrn wuschen warrn sullt, man in de Sand to leggen weern de noch lang frisch.

Dorto een Book, dormit mi de Tied nich lang woor. Mien Brill, süns sünd de Bookstorben so lütt, un een Klock. Womöglich mark ick süns nich, wenn de Dag rüm weer! Un nu los.

Ick funn ´n Platz un wrangel mi hin. Wat weer de Sand bloß buulig un bargig! Gor nich week! Liekers, ick versöch, mi dat komodig to moken un schoof de Sand torech, wo ick mi hinleggen wull. Dormit ferdig, weern mien Büxentaschen al vull vun de Piekskroom. Ick lee mi hin.

Nu kreeg ick Besöök vun so´n lütt Vehtüch. Wenn mi dat nich bieten dee, denn kiddel mi dat tominds, un ick harr dormit to doon, dat Kruuptüüch weg to jogen. Leeg dat an mien Sünnkreem, dat se mi so gern müchen?

Liekers nehm ick dat Book to Hand un wull lesen. Wie mook man dat? Op de Rüch liggen? Gau warrt de Arms lohm. Op´n Buuk? Geev ´n stieve G´nick. Nee, so güng dat ok nich. Ick dreih mi op de Siet, man dat weer ok nich komodig. So lee ick dat Book weg un beluuer mi, wat üm mi rüm los weer. Nix weer los! Langwielig!

Doch nu keem een Familie mit twee lütte Kinner, nüüdliche Gööрn weern dat. De Öllern richen sick in mit all dat, wat se mitbröcht harrn, un de Lütten fungen an, üm mi rüm to spelen. De een´as Katt, de anner weer ´n Hund. Op alle veer Been: Miau, miau, wau wau.

De Sand, warm vun de Sünn, lich un fluffig, keem ördentlich in de Röhr dorbi. Stieve Wind weih jüst ut ehr Richtung no mi hin, so kreeg ik ümmer mol ´n Lodung mit af. Bald harr ick nich bloß Sand in mien Büxentaschen, no´n Wiel weer ick över un över dormit bedeck un keem mi vör as ´n Kabanod, vun alle Sieden paneert.

Dorför mark ick nu nich mehr so veel vun de lütten Flegen un dat anner Getier, wat mi vörher piesack harr.

Wat harr ick wull al vun lange Tied hier in de Sand utholen? Ick keek no de Klock un glööv dat nich! Man een Stünn weer vergohn, siet ick mit mien Test anfungen harr.

Bedeent weer ick! Överall pieks un schüür mi dat. Stief un lohm vun´t Rümliggen, un de Sünn haar sick intwischen achder de Wulken versteken.

Ick grabbel mien Bickbeernkroom tosomen, un denn – nix as weg vun Sand un Strand.

Ümmer noch bewunner ick de Lüüd, de an so´n Ort vun Urlaub ehr Freud hebbt, un ick günn se dat vun Harten. Ober ick weet nu wiß un wahrhaftig, dat dat för mi nix is, goh mi af, goh mi los! Sowat mutt ick nich nochmol beleven, un al gor nich in ´n Urlaub!

Müchen

Müchen hebbt keen Rüchen, bloß ´n Gelenk, wo de Mors an hängt!

Jo, jo, de Müchen! Warrt dat buten heller, kanns se in de Sünn spelen sehn. ´N poor Nieschierige koomt al in´n Januar, Februar. Krieg koole Fööt un verkruup sick, wenn de Frost sick wedder wiesen deit.

Harvst un Winder, wat vun schöne Johrstieden! Freu ick mi op! Wenn de Sommer, dat Warme endlich vörbi is, denn sünd ok de Müchen weg!

Dütt Johr weer ick plietsch un mook för´t Schloopstuvenfenster een Flegengitter fast. Weer dich an alle Sieden, kunn keen mehr dörchkomen in mi pier´n. Düsse Krabbelnden, Stekenden, Summenden bleven nu buten.

Wat harr ick in´t letzte Johr´n to lieden hatt! Knips ick in Düstern ´n Lamp an, man för ´n lütte Ogenblick, un dat Fenster weer open, glieks keem se anflogen, gau rin in de Schloopstuuv.

Nu, mit mien Müchenschutz kunn ick to Roh gohn, ohne dat se mi wat deen.

Mööd weer ick, wat weer ick mööd! An´n Dag weer dat richdig warm west. Een bruuk sick nich mol rögen, de Schweet leep liekers.

So freu ick mi op een ruhige Nach, erholsome Schloop. Güng to Puuch un mook de Lamp ut.

Dat duuer nich lang, un ick hör s.s.s.s.s., ganz melodisch. Ers liesen, wull ´n Meter vun mi af. Un denn sss.sss.sss, luter, direkt an ´t Ohr. In Düstern versöch ick, no de Larmmoker to haun. Harr ick em dropen? Weer nix mehr to hör´n.

Ick drusel in, denn wedder: S.s.s.s.s. Rachegelüste överkeem mi. Ehe ick as´n Nodelküssen dörchsteken woor, wull ick eher to´n Mörder warrn.

Lich an. Wo weer dat Deert, wo harr sick dat verkropen? Kunn doch gor nich rinkomen in de Schloopstruuv. Lamp ut, nie Versöök, to Roh to komen. s.s.s.s.s …! Man nu weer ick to mööd un schleep in.

In de Nach, ümmer noch warm, de Bettdeek to Siet. De Quittung kreeg ick glieks an annern Moorn, to seh´n un vör allen to marken. Dat jöck, an veele Steh´n. Noch halv in´n Schloop, ehe de Wecker Larm mook to Opstohn, de erste Reflex, ick klei. Fangs ers dormit dann, warrt dat ümmer leger. Ober nu weer dat al to loot. Sogor an mien groode Töhn harrn se sick vergrepen!

An´n Vörmiddag söch ick wieder. Keen to finn, sach in ´n anner Stuuv flogen.

Man obends, as ick in´t Bett leeg! S.s.s.s.s. Doch noch dor! Harr över Dag bloß verdaut, wat se mi in de Nach aftappt harr?

Anner Moorn mook ick dat Fenster wiet open, dat Gitter heel un dich dorvör.

Nu woor ick se wies! Twee Müchen, vun binnen, an mien Müchen-Afwehr-Gitter! Flogen as dull dorgegen un wull´n ruut, vun binnen no buten! Irgenwat weer scheef lopen.

Wie harrn se dat hinkregen, wo weern se bloß rinkomen? Dat wull ich nu weten.

Buten an de Huusdöör seh ick se. Ganz unschienbor an´t Holt, twee Müchen. Susen an mi vörbi, in´t Huus, rüm üm de Eck As wenn se op de Luuer legen harrn un dorop tööv, dat de Döör opgüng.

Över Dag leep ick hin un her in´t Huus un harr de Müchen vergeten. Ok in de Schloopstuuv weer ick togang west, ´n poor Mol rin- un ruutlopen. Op düsse Ort un Wies harr´n mien summenden Gäste wull ok in de letzten Doog de Weg dorhin funnen. Wat sull dat Gitter an´t Fenster, wenn se liekers no mi rinkeem?

Vun wegen keener hett mi leev! De Müchen wies mi, wo gern se mi möögt. So dull, dat se mi sogor bieten doot!

Müchen hebbt keen Rüchen, bloß´n Gelenk, wo de Mors an hängt.

Regenbüx

Dat is ´n schöne warme Sommerdag. De Swulken fleegt hoch, keen Wulk is an Heven to sehn.

Lütt Hinnerk speelt buten, he hört un süht nix üm sick rüm. Dat is so fein, mit sien Schüffel in de Sandkist to spelen. Man he mook nich Sandkoken, as Kinner dat süns mook. Stroten buut he, so as dat sien Papa in´t richdige Leven deit.

Mudder denk no´n Tied, de Jung is so still, he mutt sach mol op de Putt. So lütt, as he noch is, vergitt he dat mitünner.

Se geiht no em hin, kiek, un dor is dat al passeert, de Büx is natt. Ob he wull vergeten harr, sick to mellen? froog Mudder em.

Dor schüttkopp de lütt Schietbüdel, foot no de natte Büx un meent: „Nee, Mudder“, ganz truuschullig kiek he ehr an „dat kann gor nich angohn. Dat hett mi dor grode eben rin reg´nt.“

Bayern un Norden

Wat geiht uns dat goot bi uns, hier in´n Norden! Wenn ick ut Huus goh, in ´n Wirtschaff, un ick bestell mi wat to Eten, denn krieg ick dat!

Anners in Bayern. Ick weer op Reisen, nu op Tour an de Ammersee. Dat Woter vör mi, Bargen üm mi rüm, de Sünn schien un de Vogels sungen ehr Leed. Wat weer dat schön, de Spazeertuur an de frische Luff.

Dat güng op de Middagstied to, Hunger mell sick. Nu kunn een inkehrn un wat eten. Gau weer ´n Wirtschaff funn, seh fein ut vun buten. An de Döör vun dat Lokol ´n groodes Schild: *Spezialität: Schweinshaxen.*

In de Gaststuuv de Dischen fein deck mit witte Dischdeken, Blomen in´n Vosen un mit Gobeln un Lepeln. Keen Messer to sehn. Harr´n se de vergeten oder weern se bang, dat de Lüüd sick gegensiedig anpieksen oder gor ümbringen kunn? Weer ick in so´n gefährliche Gegend ünnerwegens?

De Spieskoort bruuk ick nich, mi harr dat Schild mit de Haxe an de Döör lecker mook. Sowat wull ick eten.

´N junge Fruu in´n Dirndl keem an de Disch, Zeddel un Bliesticken porot för de Bestellung. „Sie wünschen bitte?“ Jo, wat to drinken un een Haxe bitte, mit dat, wat dor to hört. Se schreev nix op, keek mi bloß an. Hol deep Luff, ehr Gesich leep rot an. Mi woor meis bang üm ehr Gesundheit! As se sick wedder enigermoten inkregen harr, fauch se mi an: „H a x e ? H e u t e ?“ Se trock de beiden Wöör ördentlich in de Länge. Jo, worüm nich? Dat weer doch de Spezialität hier in´t Huus, meen ick to ehr. Se dorop: „Aber, bitte, heute, nicht!“ Man dat weer dat doch buten anschloon! Dor keek se mi an, as wenn ick vun´n anner Stern keem. „Heute ist Karfreitag!“ Meis harr ick segg, mook jo nix, liekers wüll ick wat eten. Man ick heel an mi. Ick bestell denn dat, wat mien Frünnen ok hemm wull´n, irgenwat mit Nudeln un Käs.

De Bedeenung rausch af. Nu woor ick opklärt! An Karfriedag geev dat keen Fleesch un nix, wat een mit ´n Messer harr schnieden müss.

De Nudeln, de ick denn kreeg, flutschen mi man so in de Buuk, satt weer ick dorvun egentlich nicht. Man hüüt weer dat denn mol so.

Wi künnt eten un drinken, wann, wo, wat un woveel wi wüllt. Wat geiht uns dat doch goot, hier bi uns, in´n Norden!

Best Ager

Knips dat Puschenkino an, nohmiddags gegen Klock veer. Dat muss di mol andohn! Denn hebb de Oolen utschlopen, de Reklame kümmt för se!

Mit ´n Lift sweeft een witthoorige, jung bleven Oole de Trepp hoch. Vergnögt, ´n Waschkorf op Schoot. Lopen kann se nich mehr, man dat groode Glück strohlt ehr bloß so ut Gesich!

De Drütten *antibakteriell* rein krieg´n un denn fastbacken, mit *Duokraft*, dormit du se nich unverwohrens bi´t Eten in de Supp wedderfinn´s. Un denn biet se wedder in´n knackige Appel! Wat´n Genuss! Man in wat vun Afthek gifft dat ´n Middel, dat de oolen Tähn gor nich ers utfallen doot un de Drütten bruuk warrt?

Wenn du nich mehr dichholen kannst, kriggst *Pampers* üm de Mors, un alles is wedder in´t Loot! Gliek dornoo pries se de Bodewann an, de mit de Döör to komodig In- un Utstiegen. Woter an´t Liev hest denn ok bös nödig.

Un flupp dat nich so op Tante Meier, gifft dat ok dorför wat. Bloß ´n poor Drüppen. Nu geiht dat, ohne Buuk-Kniepen! Is dat ´n Segen!

Warrst du stukelig, de Been kribbelt un piert di un de Gelenke wüllt nich mehr so, as du dat wiss: Een Salv help, ganz bestimmt! Un wenn du ´n Kramp kriggst, *Vital-Bein-Teufel* rullt de Wehdoog eenfach weg, un du kanns wedder richdig in´t Leven springen! Dörch de Botanik hüppen, över Tuuns un Wischen, egol, wo old du büst! Dat reinste Wunnermiddel! Un *Vitasprint*, dormit de Mensch noch mehr *leisten* un gauer lopen kann.

Dormit ´n in de Nach nich so öff ut´t Bett mutt, no´t Örtchen, giff dat ´n Middel, un wenn Fruu keen *Klimakterium-Beschwerden* hett, bi em de *Prostata* ok noch ehr Deenst deit, is dat nich normal, geiht gor nich!

Ümmer wedder schnack se vun de *demografische Entwicklung*, dat dat so veel Oole gifft in uns´ Land. Süllt de ´n schlech Geweten kriegen, sick schomen, dat se noch leev, se dat noch gifft?

Uns´ Bundeskanzlerin vertell mol in Lübeck: De Lüüd warrt öller, wiel de Oolen länger leven doot. Wo is se dor bloß op komen, dat is jo nu mol ganz wat Niees!

Hautstraffungscremes – Cremes för de riepe Huut – wat heet hier riep? Bi Appeln is dat wat Feines!

De Olivenboom un de *Pflegeprodukte* vun dat Öl is de *Quell von ewiger Schönheit* und Jungblieven!

Altersflecken-Reduzierer, ok för Mannslüüd. Denn goht de Placken üm meis veerdig Prozent trüüch, verspreek se. Wie reek se de ut, de Prozente?

Al wat eher an ´n Nohmiddag Reklame gegen *Erektionsstörungen und sexuelle Unlust*! Un wat för de *Haarwurzelpotenz*. Jo! Potenz ist dat, wat wi bruuk!

Wenn de Ogen nich mehr rech kieken künnt: För de Brill – wenn de Reklame glöövst, bruuks meis nix betohlen. Man, goh mol los!

De Ogendokter wüll nu Geld hemm, wenn he mi in de Pupillen kiek! Ersmol bütt he dat eenfache Ünnersöken an, för man bloß so wat twintig Euro! Oder ober dat betere, gründliche. Dat kost denn bummelig duppelt so veel. Man för de Gesundheit kann een doch nix to düüer ween!

De *Rentnerbravo*, dütt Afthekerblatt, gifft dat för ümsüns, dormit een to weten krigg, wat dat al vun Krankheiten gifft! De kunn ick ok kriegen! Pieks un piert mi dat nich ok al hier un dor? Un wat praktisch: dütt Blatt hett glieks de Lösung porot, wies, wat´n alles köpen kann gegen jede Wehdoog.

De Hoor hebbt mi ut to fallen, wenn ick üm de veerdig bün! Dormit dat nich noch leger warrt, mutt ´n tominds een, twee oder ok dree Afthekerprodukte op de Kupp un in de Hoor kliestern.

Nu hett een ruutfunnen, dat Kaffee Wunner wirken sall för de Hoor. Wat fein! Denn kann ick de Kaffeegrums, de ick süns wegschmieten doo, noch bruken.

Fußpflegekissen! De Fööt schliet gau af, wenn een ´n poor Johr mehr op´n Puckel hett, seggt se. Mi dücht, de warrt eher dicker, de Footsohl´n, mit tonehmen Öller!

Pillen för de Bregen, dormit warrt ´n wedder ganz munter un hell in de Kopp!

Wüllt de Ohren nich mehr so hören, sünd se schietig! Denn mutt´n bloß wat rinpusten, nich mol mehr waschen! Alles lös sick vun alleen. Un glieks kann ´n de Müüs wedder piepen hörn!

Mit föfftig geiht dat richdig los, denn bruuk een nicht mehr vör vull nohmen warrn. Am besten, man luuert al mol no´n Graffstee! Mit fiefunföfftig warrt dat denn Tied, dat ´n sick ´n Platz op de Karkhoff reserveer´n lett un för de ersten fiefuntwintig Johr betohlen deit.

För´t Fernsehen bring de Oolen keen *Quote* mehr, dorüm warrt een Musikssendung afsett. Mutt jo nich jeder mögen, man een kunn sick jo utsöken, wat´n ankieken un hören mag. Un, kiek dat bloß de Oolen? Woher weet se dat? Un sülm, wenn dat so weer? Man de Oolen hebbt keen *Lobby*, as dat so schön heet. Vun wegen *mündige Bürger*!

Wer in Arbeit steiht, de sall dat blieven, tomimds, beet he fiefunsöbentig is! För de Rentenkassen reek sick dat! Bi de Arbeit ümfallen un aff in de Kist! Günstig entsorgen! De Wirtschaff hett keen Nutzen mehr vun se, se stüüert nix mehr to to´t *Bruttosozialprodukt*.

Krüüzfohrten – dat is mol wat för de Oolen! De künnt de noch betohlen, hebbt wat op de hohe Kant!

Best ager unter den Kunden verlangen nach reiferen Beratern – so stünn dat in´t Blatt. Sall heten: De Oolen wüllt mit junge Lüüd nix to doon hemm? Wer segg dat?

Best ager – ab dem 40. Lebensjahr nutzen Alleinstehende Reisen zur Partnersuche! Kontakt bitte opnehmen ünner Partnervermittlung „Der Zweite Frühling“! Süh, de sünd al mit veerdig old!

Ganz putzig, oder modern? De Oolen heet dat nu nich mehr, ok *Senioren* gelt al as´n Schimpwort.

Nu heet se *Silver Age*, *Best Age* oder *junge Alte*. *Best-ager-Generation*, so viechelt se üm de Oolen rüm!

Natürlich sünd de in´t beste Öller! Sünd nich de Oolen, se sünd *Best-Ager* oder *Gold-Ager*! *Gold-Ager*? Hört sick an as Gold-Esel!

Een Dag ...

Mondag Moorn. Klock söben, de Wecker pingelt, piept.

Ruut ut Bett. Nich lang besinnen, hüüt nich.

Üm halv negen sall ick bi de Tähndokter ween. Mi trechmoken, Kaffee drinken, de Tähn nochmol reinofeern. De Weg is nich wiet. Teihn Minuten heff ick noch, mutt los. Krieg ick vör't Huus 'n Parkplatz? Süns mutt ick 'n lütt Stück tofoot lopen.

Dorno wat inköpen, för een Kook. Heff ick toseggt för hüüt, de to moken. Un no de Afthek, denn gau bi de Bank vörkieken. Dat Paket no de Post. Dree Lüüd vör mi, dat duuert! In de Postbank-Computer hett sick wat verhookt. All tööv gedüllig, ick ok.

Op de Weg to Huus, nix geiht. Dat Schietauto is ünnerwegens. Sammelt alles in, mook de Tunn's leer. De Stroot is to eng, as dat een dor an vörbi fohrn kunn. Rüchwarts geiht ok nich, denn achder mi stoht al veele Autos. Wedder töven. Un mi sitt de Tied in de Nack!

Trüüch in't Huus, de Jack häng groode an de Gardroov, un dat bimmelt an de Döör. Besöök? Groode hüüt! Groode nu! Ick sett mi mit de leven Lüüd dool, wi schnack un drink 'n Tass Kaffee. Soveel Tied mutt ween. De Besöök bliff nich lang. Nu de Kook toenn trech moken. Ferdig, gau wegbringen.

Glieks is Middag, Eten in de Pann, warrt Tied! Hüüt giff dat Brootkotüffeln. För Klock twee hett sick een vun de Versekerung ansegg, de Termin hebbt wi afschnack. Harr ick meis vergeten. No´t Eten rüük dat noch in´t Huus. Döör un Fenster sparrangelwiet open, denn geiht dat noher.

De Huusherr duuert üm sien Middagschloop. Wenn nu de Mann vun de Versekerung kümmt, üm düsse Tied schlöppt he mehrstieds noch. Mutt he hüüt Obend eben fröher to Bett gohn, denn pass dat wedder.

Nu noch gau de Ünnerlogen ruutsammeln, dormit wi weet, wat wi to beschnacken hebbt.

De Dischdeek! Wat süht de bloß ut! Wo wi ümmer sitt, to eten un ok süns. Een Kaffeeplack! Un noch een! Un vörhin hett ´n Stück Kotüffel nich de direkte Weg vun de Pann op de Teller funnen. Ok noch ´n Fettplack! Sall ördentlich utseh´n, wenn ´n Fremde kümmt. Un so veel Tassen un Kroom kann ick nich op de Disch verdelen, dat dat nich opfallt. Een frische Deek mutt her.

Ick kiek no de Klock, ´n Halvstünn heff ick noch. Man in ´t Schapp is keen feine Dischdeek. Sünd al rein, man nich plätt. Wull ick al lang to Mangeln bringen, keem ümmer wat dortwischen. Na goot, denn eben keen Schöne, wenigstens rein un glatt. De Etendunst hett sick tämlich verflogen, nu kann he komen.

Een Blick op de Kalenner: De Versekerungsmensch hett sick för Dienstag ansegg, un hüüt is Mondag!

Forschung un Technik

Wat bring Wetenschopp, Forschung un Technik doch alles to Weeg! Dat is al ´n Wunner, wat hüüttodoogs möglich is.

In Italien woor ´n Fruu mit fiefunsössdig Johr Mudder, un in Indien een Buuersfruu mit söbendig! Mit de Help vun Forschung, Technik un mit Hormone.

Oma ween is schön! Is de Enkel to Besöök, dörf se ´n beten verwöhnen, in Moten, versteiht sick. Omas seht Veeles mit anner Ogen as Öllern dat doon künnt. Dat Kind freut sick, hett goode Luun, wenn dat bi Oma is, för dat Alldägliche sünd de Öllern tostännig. Dat Kind warrt no´n poor Stünn afholt oder to Huus bröch, un Oma is wedder kinnerlos.

Man wat dor alles an bimmelt un bammelt, wenn een so´n Lütt in´t Huus hett! Dat geiht dormit los, Huus un Goorn för so´n Butsche seker to moken. Eten un Drinken: Enkel mag nich alles, un bloß Schokolood gifft dat ok bi Oma nich. Vörlesen un singen, Hüüser buun, mit ´n Wulldeek un ´n poor Stöhl ´n Telt in de Stuuv opstell´n. To de Freud vun dat Kind ok mol op de Footboorm krupen un richdig luut ween. Biller molen, wat ut Papeer utschnieden. De Stuuv süht achdernoo ut!

Nieschier överall. Oma, worüm … ? Ümmer noch mol un ümmer wedder: Oma, worüm? Un wenn de

Lütt denn ankümmt, Oma ´n Söten opdrück un segg: „Oma, ick heff di sooo leev!“ Wat gifft dat Schöneres? Oma nimmt sick gern Tied för de Enkel, un Opa mutt buten schmöken.

Man, in´t Oma-Öller Mudder warrn? Dagdäglich op´n Kiewiew ween? De Fruu in Spanien, de mit söbenunsöstig Johr dat erste Mol Mudder woor, kreeg Tweeschen. As de Kinner tweeunhalv weern, bleev se doot. Verheirodt weer se nich, harr ober ümmer vun ´n Kind dröömt. Wer de Kinner nu groot moken sull, dat wüss noch keener.

De Fruu in Italien. Wenn dat Kind to School kümmt, kann se sick sach noch mit ´n Handstock helpen. Man de *Pubertät*! Wo old is se denn? Üm un bi Ende söbentig?

Dat ´n Mann beet in´t hohe Öller noch Vadder waarn kann, dat is normal. He mutt sick nich mit Hormone oder süns wat behanneln un quälen loten, bi em geiht dat ok ohne. Man de Kinner warrt nich froog, op se een Opa to Vadder hemm wüllt, se mööt dormit leven. Man leven mööt se ok dormit, dat se ehr Vadder nich so veele Johrn hemm doot. Dormit hett Forschung un Technik nich reek.

Dat Mannslüüd so lang Kinner in de Welt setten künnt as se lustig sünd, *rein biologisch*, dat is *Potenz*, dat buukpinselt gewaltig! Dor hett de leeve Gott keen „P“ vörsett. Man egentlich is dat keen Wunner, de leeve Gott is jo ok ´n Mann!

Frisur in´t Gesich

Lüüd, mit de ick to doon heff, mit de ick schnacken doo oder de ick ok bloß vun wieden seh, wüll ick in de Ogen kieken. Man öffmols sünd de Hoor in de Weg, un dat kann ick gor nich verdrägen.

Op dat rode Sofa sitt ´n junge Fruu. Nett, fründlich, warrt utfroogt. Över ehr Leven, wat se mag, wat se mook, wat se so deit. No de Familie, ob se Mann un Kinner hett, al so wat. Se vertellt, is ´n richdig feine Person.

Man ick kann nich richdig tohörn! Seh bloß, wo se sick afquälen deit mit ehr Hoor. De hängt ehr as ´n Gedien vör´t Gesich, över de Ogen. Un wiel se dor nich dörchkieken kann, mook de Kopp alle Ogenblick ´n Bewegung, mit Schwung no achdern links över de Schuller. Man de Hoor bliev nich, wo se de hinschüddelt hett. Denn gripp se sick mit beide Hänn in de Frisur, lett de Hoor dörch de Finger glieden, schüff se trech, klemmt ´n poor achdert Ohr. Nütz nix. Entweder is dat Ohr to lütt oder de Hoor sünd so trimmt, dat se ehr oole Stee wedder innehmen doot. Rutsch gau un glieks wedder över de Ogen.

Bi jede Ogenklappern vertusselt se sick in de Wimpern. ´N Tiedlang deit se, as wenn se dat nich mark, ehr dat nich stört, pliert dörch. Un denn geiht dat wedder los, de Bewegung links över de Schuller. Meis deit se mi leed, de junge Fruu. Wat se alles utholen mutt!

Wat vun Puhei warrt mit ´n Frisur anstellt, beet de so is as he is. Wo lang hett dat wull duuert! Nix warrt de Tofall överloten! Warrt stünnlang bearbeit´t, un denn kümmt dor sowat bi ruut!

Vun dat, wat se vertellt, krieg ick wenig mit. Ick seh de ganze Tied bloß de dwerigen Hoor, mook mi ganz hibbelig!

Nu lang ick mi al sülm an de Kopp, wüll de Hoor ut mien Gesich strieken, de dor nich sünd.

Wat heff ick ´n Glück! Mi kann sowat nich passeer´n, denn ick heff op ´n roode Sofa nix to söken.

Bildung

Reklame is ümmer wedder schön. Kümms nich an vörbi, un de mook so klook! Egol, wo du hinkieks. Groode Plokote, nich to översehn. Överall wüllt se uns verföhrn, wat to köpen. Mit de Prospekte, de jede Wuch in´t Huus koomt. De Zeidungen sünd vull dorvun, un denn in´t Puschenkino! Ümmer wedder ´n Beleevnis, wenn ick obends in de Stuuv rinkoom un knips dat an.

Dat Stück, wat ick mi ankieken wull, wo ick mi op freut harr, müss töven. Ers mol geiht dat so richdig nett los: Mit *Werbung*! Un wenn de Film al´n ganze Stoot, sowat fief Minuten lang, lopen is, denn kümmt ers mol wedder wat för de Bildung. Ganz praktisch, kann ick doch gau noch in de Köök lopen, mi ´n Glas Tee oder ´n Appel hol´n un verpaß nix.

Junge, hübsche und fründliche Lüüd, Männer un Fruuns wies, wat ick afsoluts bruken sall.

Öffmols heff ick gor nich weten, wat dat alles gifft! Ok nich, dat mien Leven ers denn so wat vun glücklich warrn kann, wenn ick dat alles heff! Wie kunn ick dat bloß utholen ohne dat, wat se mi schmackhaff moken wüllt! Un mi hett nich mol wat fehlt!

Vör Johr´n weer dat mitünner ganz putzig antokieken, ok antohörn. To´n Biespeel, wenn dor een sien Auto, wat keen Drüppen Sprit mehr in de Tank harr un stohnbleven weer, an een Tankstell vörbischoof.

De Mann mars sick ördentlich aff, keem in Schweet dorbi. Man de dore Sprit, de dat hier geev, de kunn he sien Auto nich andoon!

De Mann hüpp drullig över de Landstroot, schwenk sien´n leere Kanister un fleut vergnögt vör sick hin. Worüm sull he verdreetlich ween, bloß, wiel dat Auto nich leep? För em weer alles op de Reeg.

Nett ok, wenn de Tiern ut de Urwald mi vertell´n, dat dat man bloß een fohrbore Ünnersatz geef, wat ick köpen müss.

De lütt Jung mit sien Leckerie ut Melk. He sull anner Kinner wat afgeven, wull ober nich. Dorbi mook he so´n nüüdliches Gesich.

Un wenn ick nich groode düsse Tähnpasta för mien Gebiss bruuk, denn kunn ick keen witte un reine Tähn hemm. Ok bleven se nich mehr lang heel un ohne Löcker!

De Tähnbössen! Ohne Gelenk, wat ´n Elend! De Schoden, nich uttodenken!

De Handdöker un al mien Wäsche müss egentlich gries un grimmelig ween. Harr ick doch nich dat eenzig Richdige in de Waschmaschin füllt, keen Perlen un nix Futuristisches! Un ok noch nie wat to Entkalken! Wenn mien Maschin nu no üm un bi dörtig Johr de Ohrn anlegg, solang deit se truu ehr Deenste, denn ligg dat doran. Sülm Schuld!

De Kaffee: Mien Gäste sünd mi noch nie mit ´n kruuse Nees vun de Disch lopen! Entweder harr ick de richdige Kaffee in de Tassen oder so´n leeve Lüüd an de Disch, de de Kaffeestünn ok so mit mi geneten kunn.

Nich weten harr ick beetlang, dat Köh Bananen freet. Wat heff ick verboost keken! Direkt an´t *Produkt* weer dat to sehn. ´N Packung mit Melk, dorop een Koh, de sick dat Muul lick. De Tung keek an de Siet noch ´n Enn rut, un blangenbi ´n Banan oder de Rest dorvun. Harr de Koh de Banan eben vertehrt? Se keek so glücklich mit ehr groden Kohoogen! Dorno to urdeel´n harr ehr de richdig fein schmeck.

Nu günn ick jede Koh ehr Banan, man weten heff ick nich, dat se dor so dull no is. Oder sull ick dat nich richdig verstohn hemm?

Wat heff ick noch veel to lehr´n! Wenn dat nu in´t Puschenkino wat dorför giff, sull ick nich mol eben in de Köök lopen, mi ´n Glas Tee oder ´n Appel holen. Denn bring dat alles nix, dat mit de Bildung.

Gesetz un Ordnung

Ordnung mutt ween, Gesetze bruuk wi. Un Gesetze sünd dorför dor, dat se inholen warrt.

Een *Lärmschutzverordnung in Wohngebiete* gifft dat, vun/för Europa vun de EU utspekuleert! Dorno fallt Mülltunnen op Rullen ünner de *Geräte- und Maschinenverordnung*! Düsse Maschinen op Rööd dörp moorns nich vör Klock söben un obends nich no Klock acht vun de Stee beweeg warrn. Dat is denn een *Verstoß*, un Sünn- un Fierdaags dörfs de Dinger all gor nich anfoten! Wat mook de ok vun Larm, so´n schwere Maschin! Kort no Klock ach obends kunn ick doch glatt ut de Puuch fallen, wenn mien Nover so´n Dings no de Stroot rullt! Oder moorns üm viertel vör söben! Schoden an Lief un Seel wöör ick nehm´n! Un dorüm bün ick richdig glücklich, dat wi uns´ Lüüd in Brüssel sitten hebbt.

Dat Gesetz, de *Verordnung* för dat Bedrieven vun Seilbohnen in Schleswig-Holsteen! Een Richtschnur för Seilbohnen, no dat *Landesseilbahngesetz* un *Bergstationen für Seilbahnen in Schleswig-Holstein* mutt dat geven! Bruuk wi, mööt wi hemm! Man wo hebbt sick de veelen groden Bargen in uns´ Land versteken? In een lütt Dörp woor annerletz een Seilbohn op´n Speelplatz buut. Op dat dorför dach is, dat Gesetz?

Hett sick ober ok noch ´n anner Steh för ´n Seilbohn in Schleswig-Holsteen funn, in Lauenborg!

Verbind´t de Ünnerstadt mit de Böberstadt, veerdig Meter Ünnerscheed. Nu mööt de Lüüd ehr Fööt nich hunnerteenundördig mol anböörn, dormit se no boben oder no ünnen koomt, womöglich mit ´n groode, schwere Inkoop. De Kneen bliev heel! Alleen dorför bruuk wi een Seilbohngesetz!

De Gurken wussen to krumm! Johrelang! Wo kunn dat bloß angohn! Wussen eenfach so, as se lustig weern! Güng gor nich! Wat weer nu mit de Ordnung? Kunn nich erste *Qualität* ween! Man nu dörp se wedder wassen, as de Natur se lett!

Mit de Grödde vun Appeln un Kotüffeln quält sick de EU wull ümmer noch af, vun wegen de Norm! Un sünd se nu al mit de Höhner trech? Weet se nu, uns kloke Volksvertreter, woveel Platz een Hehn bruuk, dormit de noch Eier legg? Lang noog hebbt se meet un överleggt, so bummelig üm un bi teihn Johr.

Schnullerkettenverordnung! De Keed för de Schnuller dörf nich länger as tweeunföffdig Zentimeter ween! Worüm utgerekent tweeunföffdig Zentimeter?

Leiterverordnung: Een Ledder is op faste Ünnergrund optostellen, *waagerecht*!

Un in´n Amtsblatt vun Schleswig-Holsteen stünn: *Zu flaggen ist an aufrecht stehenden Flaggenmasten*! Wie kann man bloß op sowat komen!

Op uns´ Bohnhööf, *europäisch*, mutt dat buten rüm, mööt de Plätze mit ´n bestimmte Steenploster utlegg ween. Bloß mit dat eene, nix anners hett op de Eer wat to söken!

Un Fohrkortenautomaten hebb no *transeuropäische Richtlinien* to funkschoneern. Ober *transeuropäische Züge* dörp an *transeuropäische Linien* nich anholen, wenn se nich no düsse Verordnungen utstattet sünd, obwohl se an *transeuropäische* Bohnlinien lieg, so as in Ahrensborg.

Dat *Berufskraftfahrqualifikationsgesetz* regelt, dat nich ´n Mensch ohne *Berufskraftfahrqualifikation* op´n Bock sitt. Dormit ok alles passen deit, hebbt se in Brüssel een *Entbürokratisierungsstaatssekretär* anstellt. Nu kann nix mehr scheef lopen!

Dat *Wachstumsbeschleunigungsgesetz*! Gifft dat in Düütschland! Wo kann dat, wat dat nich giff in uns´ Land, gauer wassen?

Ganz leeg warrt dat, wenn ick ´n Goorn heff un mien Nover Soot vun mi krigg. Sünd Blomen, de dat nich to köpen gifft. Dorför krieg ick wat vun em, wo ick al lang no över de Tuun pliert heff. Gern help een sick gegensiedig, man sowat geiht nu nich mehr, is nich toloten! So´n Tuuschgeschäfte warrt verboden, wenn een nich de amtlichen Tolootungspapeer´n vörleggen kann.

Dormit düsse Vörschriften inholen warrt, süllt *Saatgutinsprektoren zentral* utbildt warrn, dormit se de Kontroll övernehmen künnt. De hört denn to de *europäische Saatgutpolizei.* Kunn ok Goornzwerge övernehmen. De warrt mit *Mini-Kameras* utstaffeert, mook Biller över de Anbuu, vun dat, wat verboden is un doröver, wer wat wo plant in de Goorn, ünner de Oberobsicht vun een een *Soko (Sonderkommission)* mit Sitz in Bayern. *Vogelscheuchen* kunn möglicherwies ok to´n Insatz komen, düsse Opgoven övernehmen. Denn Zwerge fallt op, geev to veel nieschierige Frogen. *Een Forschungs- un Entwicklungsteam* arbeit doran, an een Rillenstock lütte *Kameras mit Internet-Verbindung* an de Spitz to setten, dormit jede Verkehrtplanter opflüggt. Een *Antiterrordatei* sull alles mellen, no de Zentralstell in Bayern. Un denn warrt överlegt, düsse *Daten* tosomen mit *Flugdaten* in de *USA* to schicken. Een dörf nie vergeten: Terror fangt in Lütten an!

Een *Aufgabenübertragungsgesetz zum Sozialgrichtsgesetz „AüGSGG"* un dat *Rinderkennzeichnungs- und Rindfleischetikettierungsüberwachungsaufgabenübertragungsgesetz „RkReÜAÜG"*. Ganz eenfach!

In Paris dörp Fruuns nu in lange Büxen rümlopen! Siet tweehunnertveerteihn Johr weer Fruuns dat in Paris verboden, in ´n Büx op de Stroot to gohn. Bloß wenn se ´n Peerd bi sick harr´n un rieden wull´n oder ´n Fohrrad to Siet, denn güng ok ´n Büx. Ers nu hett de Regierung in Frankrik düsse Paragraf ut de Gesetzböker streken. In de Tied vun de französche Revolutschon müssen Fruuns nofrogen un extra Verlööf hemm, wenn se sick as ´n Mann antrecken wulln.

So ganz nipp un nau sull een ´n Angebot nich nehmen, wenn wat an oder in´n Auto to lesen is. Kunn ´n *Ordnungswidrigkeit* ut warrn. Een Mann ut Finnland harr sien Auto nich as Handgepäck, ok nich as groode Koffer in ´n Fleeger mitnehmen kunnt. So harr he ´n Zeddel in´t Auto legg, wo op stünn: Auto to verschenken. De Schlötel steek in´t Schlott.

De Ordnungslüüd bi uns sünd dat wennt, dat Autos klaut warrt, nich ober verschenk. Ok harr sick keener truut, dat Auto mittonehmen. Uns´ Puzen wüssen nich, wo se nu dormit ümgohn sull´n. Een Auto verschenken, güng gor nich. Is ´n *Ordnungswidrigkeit*! Dat Auto müss entsorg warrn! Un so kreeg de Mann ut Finnland loter Post vun de Bremer Polizei, dat he sien Auto afhol´n oder de Kosten för de Entsorgung betohl´n sull.

Politiker bewohrt uns för Schoden, ick weet dat wiss to schätzen. Man eens hebbt se in Brüssel nich bedach! De *Lärmschutzverordnung in Wohngebiete* betreck sick op de schweren Maschinen, de Schietemmer op Rullen, de to betimmte Tieden nich beweeg warrn dörf. Man wat is mit de Vogels, de mi in´n Fröhjohr moorns vun Klock veer an ut Bett tiriliert? Nie kann ick utschlopen wegen düsse Larm! Un denn womöglich bi open Fenster!

Dat is ruhstörende Larm! Ick verlang, dat dat per Gesetz afstellt warrt! Een *Vogel-Tirilier-Sperrbezirk für Wohngebiete* mutt her. Oder giff dat lütte Ploster för Vogelschnobels, dat man de dormit tobacken kunn?

Dorto sull´n se sick mol wat infall´n loten, de Politiker in Brüssel!

Buntes Leven

Mol wedder Mondag Moorn. De Sünn schien, de Wuch leeg vör mi, wat schön!

Dat Glas, wat mi in de Köök rünnerfall´n wull, kunn ick grode noch tofoten kriegen. Glück hatt. Fröhstück. Brot un Bodder op Tablett, op de Disch. Nu kipp dat vulle Woterglas üm, op de Zeidung. De Sieden natt, back tosomen. Dat Nieeste kann ick loter lesen.

De Rest vun de Mohltied in´t Köhlschapp. Glieks sull ick ut Huus. De Rohmputt full üm, alles verdeel sick. Leep op de Eer, de witte, fettige Kroom, gauer as ick kieken kunn. Opwischen, noher güng dat nich beter.

Gegen Middag trüüch in´t Huus. In de Keller leep de Waschmaschin, sull wull glieks ferdig ween. Weer op de Stroot ´n Bagger togang? Harr ick nich sehn. Man dat röter! Wo wiet weer de Wäsche? Ick keek no un seh mien „Bagger“! De Waschmaschin hüpp drullig op de Sockel. Kunn em groode noch utstelln, ehe he doolkipp. Waschmaschin twei, Kunnendeenst müss komen. Wat nu mit de natte Wäsche doon? Funn sick Root.

De Postbüdel steek wat in de Kasten, ´n Breef ut Afrika. Vun uns Dochder, ut Ghana. Se weer dor för ehr Studeern, dat hör dorto. Lang harrn wi nix vun ehr hört, nu weer de Freud groot. De Breef harr lang bruuk för de Weg no uns, teihn Doog.

Ehr güng dat goot, schreef se. So goot güng ehr dat! Denn ehr weer eben de groode Leev bemött! So dull, as se dat noch nie kennt un beleev harr! De Mann för´t Leven harr se funn´! Un dat kunn ween, dat se in veerteihn Doog heiroden wöör.

Mudder seet an de Disch, lees de Breef un lach sick een. Ideen harr de Deern!

Lang weer se nich mehr in Ghana, ehr Tied dor güng op Enn to, dat Visum leep bald af, schreef se wieder. Ne, Mudder sull sick keen Sorgen moken. Man dat müss nu gau gohn mit dat Heiroden. Denn, so verkloor se, wenn se ers trüüch keem no Düütschland un loter wedder hin mit ´n Fleger, dat woor doch veel to düür! Mudder verstünn dat doch? Un dat Heiroden, dat güng man bloß in Afrika, süns dorf de junge Mann sien Land nich verloten.

Mudder glööv nich so rech, dat dat mit de Heiroderie losgüng. Ehr Deern, de lange Tied bruuk, wenn se nie Schoh köpen wull. Harr se sick ´n Poor utkeken, woorn de lang beluuert, ehe se sick entschlüten kunn.

Un ´n Brill ers! So bummelig ´n half Johr güng se ümmer wedder in de Loden, pröövt un keek, ob de to ehr pass. De richdige Mann finnen güng dorgegen flott.

´N poor Doog loter glück de Deern dat, Mudder antoropen. Mudder meen, dat mit de Hochtied sull goot överleggt ween. Weer doch wull ´n beten stopelboots? Un de Ünnerscheed twischen de *Kulturen* un so ...

Nee, meen de Dochder, keen Twiewel! Dat weer de Mann för´t Leven, un se kenn em doch al siet süss Wuchen! Womöglich kunn Mudder nich dormit ümgohn, dat he ´n anner Huutfarf harr? He weer gnidderswatt.

Nee, dat nich, anter Mudder. Dat Uutsehn weer egol. Vun ehr ut kunn he lila-geel Striepen hemm, mit grööne Sterns dortwischen. Wenn de Deern man ehr Glück funn´n harr!

Sull dat wat warrn mit de Hochtied, düsse Wuch oder doch ers in teihn Doog, denn wull se sick noch mellen. Vadder un Mudder kunn doch gau mol lang komen. Weer schön, wenn se dor mit bi weern, bi de Hochtied vun ehr eenzig Dochder.

Obens knips ick de Fernseher an. Harrn se bi de *Öffentlich Rechtlichen* wedder wat nich op de Reeg kregen? Worüm leep dat Bild ümmer weg? Ick wull nich bloß dat Testbild ankieken, man ok dat keem nich. Op´n anner Konol, nix! De Apparot wull nich mehr, harr sien *Geist* opgeven!

So güng de Dag to Enn. Zeidung opweek, Rohm in´t Köhlschapp utlopen. Waschmaschin twei, Fernseher kaputt, un de Dochder wüll in Afrika heiroden!

So veel Niees, un dat an een Dag! Wat is dat Leven doch bunt!

Sport is Mord

Ick heff Komplexe! Nich wegen mien Nees, ok nich wegen de Ohr´n. Mit de bün ick op de Welt komen, dat is so, as dat is.

Nee, dorüm nich. Ick bün unsportlich! Ganz leeg! Un dat in uns´ Tied, wo Sport so wichdig is!

Ick mook ok Sport, bloß anners! In´n Sommer meih ick de Rosen, un weer uns Goorn kennt, de weet, wodennig ick dorbi in Schweet komen kann. Bargop un bargdool, un de Rosenmeiher mit dat ganze Gewich vörweg!

Ok Radfohrn doo ick gern, so richdig bargop un gegen de Wind. Ut de Pust komen dorbi. Dat mook Spooß!

In´n Winder heff ick mien Windersport. Hett dat schniet, dörf ick de Schnee wegrümen.

Veel´ Lüüd bedrief richtige Sport: In ´n *Fitness-Studio* de Muskeln op Trapp bringen, schwümmen, Tennis- un Footballspelen, Golf un wat dat alles giff.

Wenn Annern vun ehr *sportlichen Aktivitäten* vertellt, bün ick ganz still. Mit mien Goorngymnastik un Windersport kann ick nich mitholen. Man vör ´n poor Johr wull ick dat doch mol weten!

Ick güng in een *Fitness-Studio*, ok för mi weer womöglich noch nich alles verlor´n.

´N Körper as een junge Mensch kreeg ick nich mehr, dat kunn ick mi vun de Back putzen. Man ´n beten wat faster, de Been strammer, weer ok för mi noch möglich?

In dat *Studio* kunn ick een „Schnupperstünn" för ümsüns moken. De veelen Apparote moken mi meis ´n beten bang. Sowat in de Ort harr ick mol in een Museum sehn, in een Folterkeller!

Dat seh ganz lich ut, so as de Lüüd hier dormit togang weern. Un wat harrn de ´n Figur! Träniert, so wat vun träniert! Ick wull dat versöken.

In de erste Stünn wies mi een junge Mann, wat ick an wat vun Apparot moken sull. Weer ick vun alleen nie op komen.

Recken un strecken, bögen, dehnen un kreisen. Mit Arms, Been, Kopp un Rump. Bi mi glück dat noch nich so rech, kunn jo noch warrn. Ick wull dörchhol´n, wat för mi un mien Körper, för mien Gesundheit doon. Tofreden güng ick no düssen ersten Öbungen to Huus.

Dat nächste Mol in´t *Studio* vertell mi keener mehr, wo dat alles güng. Dat wüss ick doch seker noch? Wo lang an wat vun Apporot wat moken, Luff holen un wedder utpusten. Ick weer op mi alleen stellt.

Nu arbeit ick mi dörch dat Programm, so goot as dat güng, üm un bi ´n Stünn.

Harr mi richdig uttoovt un keem mi vör as no´t Rosenmeihen un Schneeschüffeln vun twee Footballfelder tosomen.

Buten weer dat intwischen düster, de Strotenlampen an, as ick de korte Weg to Huus güng. Man de Lampen lüchen hüüt nich so hell as süns!

In´t Huus ankomen, weer ok alles so merkwürdig düster. Ick kunn nich richdig kieken, irgenwat stimm nich mit mi.

Annern Moorn reep ick bi de Ogendokter an. Müss ´n poor Doog töven, beet ick hin kunn no em.

Mien Ogen harrn sick wedder trech trocken, as ick dor ankeem, gottloff. Man nokeken warrn müssen se jo doch.

Tja, meen de Dokter, dat kunn al mol passeern, as ick em vertell, wat ick vörhatt harr. Weer wull ´n Nerv inklemmt west.

Nu warr ick dat bi de sportlichen Aktivitäten beloten, wo ick mit üm kann. Fohrrad fohren, Rosen meih´n un in de Winder Schnee schüffeln.

Sport is Mord, un ick wüll ganz gern noch ´n Tiedlang an´t Leven blieven.

Grübeln

Mit mi stimmt wat nich! De föffdig heff ick achder mi, un ick fohr keen *Cabriolet*!!! Fruunslüüd vun de föffdiger an – de nömt sick denn *UHU´s - unter hundert* - fohrt op eenmol so´n Sportauto!

Mitünner krieg se dat to düsse runde Geburtsdag. Een Geburtsdag, an de veele vun se am leevsten nich ut Bett komen müchen! Denn so´n half Johrhunnert old warrn, dat is ganz wat Gräsiges! Kann Fruu meis nich överleven, mutt sick bloß grugeln! Is denn jo wull de *Midlifecrisis*, as dat op niedüütsch heet.

De een oder anner Fruu krigg al düsse Panik, wenn de twee vörnan verschwinnt, wenn dat op de dördig togeiht!

Seker, mit twintig is dat Leven schön. Man weer dat beter as mit föffdig? Een weer eenfach twintig, un dormit harr sick dat. Un weder dördig noch veerdig hebb mi dat groode Vertwieveln bröcht!

Nu kümmt mi dat mitünner so vör, as wenn ick mi schomen mutt, dat ick över föffdig bün. Dat Gesich nich mehr so glei, de Kanten ´n beten deper, man kunn ok Falten dorto seggen. Man dat sünd mien! *Ehrlich erworben!*

Dat *Cabriolet*! Mutt Fruu mit föffdig sick verste-ken in so´n Ding?

Richdig old utseh´n warrn kunn se, wenn se dorvör steiht un överlegg, wie se dat anstellen sall, in dat lütt

Hottschefiedel mit Anstand un ohne Schoden rintokoom´n. Ohne dat de Frisur dörch´n anner kümmt oder dat nie Kleed verkniddert.

Man wenn dat schaff is, retuschiert sick de Falten ganz vun sülm!

De Schieben in düsse Flitzer sünd mehrstieds nich so groot, öffmols düster infarft. So kann de Sünn man knapp in´t Auto rinschienen. Un de Schönheit is wedder herstellt, jedenfalls vun buten.

De Hoot

Een Fruu, de fröher wat op sick heel, güng nich ohne Hoot ut Huus. So weer dat ok bi Anna.

Anna leev in Schleswig, weer de Fruu vun ´n Bäckermeister. Blangen de Backstuuv de Loden. Dat weer Annas Rebeet. Se verköff, wat de Meister un sien Gesellen backen deen.

Anna harr ümmer veel üm de Ohr´n. De Familie dorf nich to kort komen, Mann un twee Jungs. Dat Huus op de Reeg hol´n, Wäsche waschen, de Lütt in de Kinnergoorn bringen un wedder afholen. Mit de Groode, nu acht Johr old, Schoolarbeiten moken. So alleen kunn he dat noch nich so rech.

De Gesellen harr Anna de ganze Wuch, vun Mondag beet Sünnobend, mit an de Middagsdisch. Mehrstieds kreeg Anna dat, wat se för de Köök bruuk, vun de Höker levert. Sull man ümmer wat to Eten dor ween.

Nu weer Jan ok noch krank woorn! Hohe Fever un dulle Hussen quälen em. He kreeg gau wat, mit sien fief Johr, bröch dat ut de Kinnergoorn mit. Anna hoff bloß, dat Hans-Dieter sick nich ansteken dee bi sien Broder.

De Dokter harr Jan ünnersöcht un een Rezept för em opschreven. Nu müss se de Hussensaft noch ut de Afthek holen. De Kotüffeln stünn op Füüer, un wenn se trüüch keem, weern de gor. De Broden un de Rotkohl, de dat dorto geven sull, harr se trech. Dat Eten müss üm Klock twölf op de Disch stohn, Meister un Gesellen weern siet nachts üm dree op de Been.

Hüüt schloot Anna de Lodendöör to de Middagstied ´n beten wat fröher to, nütz nix.

De Afthek weer in de Neechde, bloß ´n poor Hüüser wieder. Jan kunn düsse Ogenblick, wo se ünnerwegens weer, wull alleen blieven.

Anna keek no de Klock. Jo, dat kunn se noch schaffen. Se kreeg de Maddel vun de Gardroov, stülp de Hoot op de Kopp un suus los. Keen Tied, in´n Spegel to kieken. Oh, meis harr se de Tasch vergeten! De Maddel knööp se op de Weg no buten to.

Anna´s Hoot weer een mit ördentlich Falten un Schisslaweng. Schwatt, elegant. Halv vörn, ´n beten no de Siet hin, een Schleuf, ok in schwatt. Mit düsse Hoot harr sick de Putzmoker veel Möög geven, weer ´n Barg Arbeit mit west.

Nu stünn Anna in de Afthek, twee Lüüd weern för ehr. Utgerekent hüüt! Hoffenlich brenn´n de Kotüffeln nich an!

Nu weer se an de Reeg. De Afthekeer stünn vör ehr. Se geev dat Rezept hin, un he verschwunn no achdern. Innerwennig peer Anna vun een Been op dat anner. Wo lang sull dat bloß noch duuern?

De Aftheker keem mit ´n Buddel trüüch un keek Anna nu ganz merkwürdig an. Nich in´t Gesich! He keek höher, över ehr Oogen, op de Hoot. Anna weer verbiestert. Wat harr he bloß? Se luur no boben. Dor stimm wat nich!

Een Tweernsfoden bummel vun de Hoot rünner. Ober se harr doch gor nich mit Neihtüüch hanteert!

Nu beweeg sick de Foden! Kringel sich ´n beten, bummel ehr meis över´t linke Oog!

Anna woor ganz gediegen to Mood un dach bi sick: „Egentlich sull ick kieken, wat los is. Ober hier in Loden, bi´n Aftheker kann ick de Hoot doch nich afnehmen! Dat schick sick nich!“

Se betohl, nehm de Buddel vun de Lodendisch un rönn ut de Loden. Mark, wo de Aftheker ehr verbiestert achderno kieken dee.

So gau as dat man güng leep se to Huus. Dor ankomen, nu al ´n beten ut de Puust, reet se de Hoot vun de Kupp un beluur sick dat Ding. Dor keken ehr twee lütte, schwatte Ogen an. Bang, vull vun Angs! Un ´n Steert woor se wies, de Tweernsfoden!

Een Muus! Beide, de Muus un Anna verfehrn sick düchdig un wüssen nich, wat se vun´n anner hol´n sull´n!

De lütt Muus weer in dat Putzmoker-Kunstwark kropen un harr sick dor in versteken.

Wat is ´n Bäckerie vun Paradies! Nich bloß för de Menschen, wegen lecker Brot, Rundstücken un Koken.

För ´n Muus, so´n lütt Deert, dat reinste Schlaraffenland! Een Leven as Gott in Frankrik!

Inköpen

Inköpen! Wat bün ick glücklich, wenn ick dat nich so öff doon mutt, dat Inköpen!

De Loden, in de ick weer, unsorteert un tostellt. Müss kieken, wodennig ick mit mien Inkopswoog dörch komen kunn.

Endlich harr ick mi beet an´t letzte Enn dörchquält, wo ick wat bruuk un höör Lüüd, luut in´t Wort. Weern man bloß veer, hör sick an as teihn. Wietlefdig över de ganze Loden verdeelt ünnerhelen se sick. Luut, dormit ok jede vun se alles mitkreeg. De föhl´n sick schienbor, as weern se alleen.

Mama, kiek mol hier, wat ick funnen heff. Künnt wi dat köpen? Nee, kreih Mudder trüüch, hebb wi noch wat vun. Een anner Kind kreeg sien Willen nich un fung an, luut to blarrn.

Mit dorbi een Jung vun sowat süss Johr! He begrabbel alles, dreih üm un rüm un müss sien Mudder alles vertelln. Vun dütt Kind weer se am wiedsten weg. Un wehe, Mudder anter nich glieks! Denn woor dat noch luder, dat Krakelen. Wat ´n Glück, dat se sick nich veel Tied leet, schreeg glieks trüüch.

Een Fruu keek mi an, denn no een vun de Bengels, un meen to mi, ob dat wull ween müss? Weer ick doch nich alleen mit mien *Empfindlichkeit*.

An de Kass, mien Inkoop betohlen, un ruut ut de Loden. Güng nich glieks. An de Döör hung een vun de Jungs, harr sick op ´n Kant stellt un küsel hin un her, speel Karussel dormit!

Kinner mööt sick utleven, sick uttoven, frie entwickeln, un loter warrt denn ganz wat Groodes ut se. Vun Harten günn ick Öllern düsse *Entwicklung* mit ehr Kinner. Man, beet dat so wiet is, hebb se noch een lange, steenige Weg för sick.

Intelligenz

Weten heff ick dat all lang, oder tomind´s ohnt! Fruuns sünd klöker as Mannslüüd! Jedenfalls bi de Open!

Forscher hebbt Schimpansen ünnersöcht un beluuert, wie se sick verholt. Lütte Schimpansenjungs un Derrns un dorbi ruutfunnen, dat de Deerns beter tokieken un oppassen doot as de Jungs.

Een Openmudder hol för ehr Kinner Termiten ut ´n Hügel un wies se, wie man am besten an dat lecker Eten rankeem. De Deerns kregen gau klook, wo dat güng. Se moken ehr Mudder dat glieks no.

De Openjungs stünn wat länger rüm un wüssen nich, wie se dat doon sull´n. Se spelen mit de Krabbelderten, freten se ober nich op. Dat müss de Openmudder se noch mol wiesen.

Männer erkennt groode Tosomenhänge, Männer hebbt Macht, Ansehen un mehrstieds een gröddere Kopp as de Fruuns. Sünd se dorüm plietscher? Nich woveel, dat kümmt dorop an, wat dor bin is, in de Kopp.

Ähnlichkeiten mit Menschen? Nich an to denken. Bi uns Menschen is dat ganz wat anners.

Kööksch un Katt ...

„Kööksch un Katt krieg ümmer wat!“ Heet dat so fein.

Is jo ganz nett, dat Köökschen nich verhungern mööt! Man worüm stoht ümmer de Fruunslüüd an de Herd? Is nich överall begäng, man mehrstieds sünd se doch dorför tostännig, Eten koken un de Huusholn op de Reeg hol´n. No de poor Exemplare vun Mannslüüd, de koken künnt un dat ok doot, muss lang utkieken. Un wenn düsse Seltenheiten vun de Menschheit dat Schlachfeld, wat se anricht hebbt in de Köök, achderno ok noch oprümen doot, de sall dat wohrhaftig geven, denn kann sick dat bloß üm Wunnerwarke vun de Natur hanneln.

Ick kook ganz gern. Un wenn mi mien Lüüd an de Disch vertellt, dat se dat schmeck un mien Mann meent, dat dat Eten sülm in´n Kroog nich so goot is as bi mi, denn freut mi dat. Liekers, alles is rups di bubs in üm un bi teihn Minuten vertehrt, woför ick twee Stünn an de Herd stohn heff. Un wiel ick alles kook heff, bün ick ok dorför tostännig, achderno de Köök mit de Teller un Gropen rein to kriegen, dormit alles wedder an Ort un Stee kümmt.

Ick bekloog mi nich. Man in de Tied kunn ick mi wat Beteres vörstellen, wat ick doon kunn. Wieldess ick de Köök optrüüm, ligg mien leeve Mann op Sofa to Diegen un hölt luuthals sein Verdauungsschloop.

Nu is dat nich so, dat he nix deit in un üm´t Huus. He mook ´n Barg, hett noog to doon. Zuppelt dat Unkruut ut de Eer, schnitt de Bööm, wenn de to groot warrt un bind´t de Blomen tosomen, dormit se nich ümfallt.

Achderno is to sehn, wat he alles schaff hett. *Erfolgserlebnis*! Un denn steiht he dorvör un bekiek sien Wark.

Un de Köök? Wenn de mol so richdig op de Kopp steiht, dat fallt op, man nich, wenn alles op de Reeg is. Merkwürdig, wat sick in korte Tied ok ümmer alles ansammelt!

Vör Middag, neben dat Koken, so blangenbi, eben mol Wäsche ophängen, twischendörch ´n Stück ünner´t Plättiesen krieg´n. De Bodestuuv kiek mi meis ´n beten minnachdig an, wiel ick mi dor ´n Dag nich üm kümmert heff.

De Footborm! Wenn ick groodes Glück heff, gripp sick een vun de Familie mol ´n Bessen un feeg dat Gröffste weg.

Man wat kann ick mi vun Harten högen, dat ick koken dörf. Denn - „Kööksch un Katt krieg ümmer wat“ - ok wenn dat man bloß de schietigen Teller, Schötteln un Gropen sünd.

Globalisierung

Is dat denn de Möglichkeit! Nu hebbt se dat doch tatsächlich schaff! Kiel stoppt *Giftmüll-Import* ut Australien!

Hochgiftige Kroom wull´n se uns schicken. Dat sull an de Elv, in Brunsbüttel, ankomen, no de Rhein bröcht un dor verbrennt warrn. Rund üm de Eer schippern, beet no uns hin!

Alleen de Idee, ut Australien Giff no Düütschland to bringen! Wer sick sowat utdenk is to bewunnern för soveel Fantasie!

Hebbt wi nich al noog Schiet vör uns´ egen Döör? Wo wi doch all tosomen toveel wegschmieten doot! Üm uns egen Müll mook se so´n Puhei! Wo sall dat bloß hin, heet dat ümmer wedder. Man dat ut Australien harr´n wi gern nomen, weer sach veel wat beter as unse egene. De Transport hierher sull ümweltfründlich mit Scheep passeern. Ohne Energieopwand, ohne Rohstoffe to verpulvern? De fohrt sach mit Seewoter.

Dat is vun de Disch, warrt nu nix vun. Un ick harr mi so dorop freut! Kunn wi doch endlich mol wiesen, wo *global* wi sünd!

Uns´ Politiker, wat künnt se ümmer sööt schnacken! De *Globalisierung* bring alles op de Reeg, segg se. Wat wüllt wi al gliek warrn! Vun Süditalien beet Skandivavien, vun Frankrik beet no Lettland reck de EU, un Rumänien un Bulgarien hört nu ok dorto.

Mit de Türkei is dat noch nich so klor, stüüert ober dorop hin. Hört nich bloß de lüttste Deel vun de Türkei to Europa? Un wüllt de Lüüd in de Türkei överhaupt in de EU?

Man wat sall dat Lüttdenken! Nehmt wi doch glieks Afganistan, Indien un China mit dorto. Düsse Länner lieg doch glieks bi uns üm de Eck. Loot wi se nich butenvör stohn, nehmt wi se mit rin no Europa. Denn sünd wi endlich komplett!

Een Radfohrer woor anholen, he radel op de Autobohn bi uns. De 17jährige harr keen Utwies, un dat Fohrrad weer klaut. De junge Mann keem in *Abschiebehaft*, sull no Afghanistan afschoben warrn, dorhin, wo he herkeem.

In Afghanistan mag dat begäng ween, mit ′n Fohrrad över de Autobohn to radeln, un dat dat hier bi uns nich so is, harr he nich weten. Dormit wi all tosomenpass, kunn wi so′n Verkehrsregeln doch glieks bi uns inföhr′n, wegen de *Globalisierung*.

An de Grenzen sall nich mehr so veel kontrolleert warrn, no dat *Schengen*-Afkomen. Loot se al no uns rin, Düütschland is jo so riek!

Wer wat op sick höllt, fohrt oder flügg mit sien Kinner, so fröh as dat man geiht, knapp dat se krupen künnt, üm de Welt. No Hongkong un op de gröttsten Bargen, dormit se sick betieds op de *Globalisierung* instellen künnt. De Lütten süllt sick rechdiedig dormit anfrünnen, wie man woanners leevt, fremd′ Eten geneten un Lüüd ut anner Kulturen kennenleern. Un dat Wichdigste lehrt een nich in in´n Kinnergoorn oder in de Natur, glieks blangen de Huusdöör, vertell een Anwalt ut Hamborg. Sien Dochder weer nu fief Johr old un sull to School komen. Dormit se lesen un schrieven un de Bookstoorm nich bloß op düütsch, glieks ok op engelsch opseggen kunn, schick he Mudder un Dochder no Amerika, in een Vörschool. Dat Kind sull nich beleven, dat dat dumm to School keem un womöglich mit fiefuntwindig Johr nich mol ´n Hummer ut´nanner kreeg oder mit Austern ümgohn kunn!

As dat Kind mol mit de Bohn fohr, dat wull´n de Öllern ok mol wiesen, wunner sick dat, wo denn de nette *Stewardess* mit dat Tablett mit ´t Eeten bleev. De Deern weer noch nie Bohn fohrt! Un vun de Karibik-Reis wüss se nix vun dat feine Hotel, dat groote Woter oder de schöne Strand, wo se in de Sand harr spelen kunnt.

Bloß, dat ehr Vadder dor ´n Stackelswien dootfohrt harr, un dor wull se nie wedder hin!

Kosenomen

„Mien Zuckerschnuut, mien Leevste du!“ flustert he ehr to un nimmt ehr in sien Arms. Wer sick gern hett, de find´t egen Nomens vör de Leevste. Kosenomen, Striegelnomen, de eih´t un strokelt!

Mien Stern, mien Oogappel, mien lütt´ Muus, *Mausi, Häschen, Schnuckelchen*, mien Hart. Wer hört dat nich gern?

Muschi, Kätzchen, Goldstück. Oder ok: mien lütt Snick. Entweder een mag se lieden, de Schliemigen, oder de Leevste is nich so gau to Foot. Egol, hört sick fein an, wenn´n de richdige Ton dröppt. Un *Schatzi* pass ümmer.

Wenn he ehr noch *Rehlein* nöömt, ok wenn se bilütten op de twee Zentner Levendgewich tostüüern deit, denn süht he ehr wiss noch so, as se mol west is, as he ehr kennenlehrt hett. Dat is wohrhaftig keen Wink mit ´n Tuunpohl, dat se weniger eten oder as ´n Reh rümspringen sall.

Mien Sööte, du! Un wenn he för ehr *Katermäuseboss* oder Krümmel is, un se för em *Fräulein Katermaus*? Egol, is leev meent.

Hasenbär, Schnuckelchen, Puschelmuschel. Mauseschwänzchen, Mäuselina un Schnuppihase heff ick al hört. *Spatzi*, Schmusekatt, *Teddybär, Brummbär, Püppchen, Schnuckiputzi, Mausbiber un Mausezahn*. Is dat schön!

Mi reck dat, wenn mien Hans-Werner mi mit mien Noom anschnacken deit. Denn wenn de lütten Tiern opbruuk sünd, warrt se öffmols grötter. Man ick mutt nich to´n Zeeg, Koh oder ´n Kamel warrn.

Perle, Puschelmuschel, Liebelein. Schnuckelchen, Schietbüdel un Schieter. *Mutzelputzel, Pinseläffchen, Schnullipuper.*

Purzel, Schnurbel, Schnuckiputzihasimausi, Hase. Hasebabyspatzlmausi stünn mol as Adress op een Breef.

Wat giff dat doch vun schöne Kosenomen. Un wenn mien Mann Olsch to mi segg, denn meent he dat ganz leev. Dat is afkört un heet: O leeve Schatz.

Korten

Borgeld is *out*, de Plastikkohrt is *in*! Wer betohlt hüüttodoogs noch in bor? Korten mutt ´n hebben, wenn ´n dorto hörn wüll. Wer wat op sick hölt, hett nich bloß de EC-Kort, nee, denn ok noch de Goldkort un de *American Express*, un wat dat süns noch alles geven deit. All in de Breeftasch, dat mook wat her! Denn büst´ *kreditwürdig*!

Wer noch de Knipp ruutholt mit Borgeld, geiht gor nich! Is mit´n Klammerbüdel pudert!

Bi de Bank wüllt se uns möglichst nich mehr op de Döör hemm. Tominds sall ick mien *Bankgeschäfte* an de Automaten regeln. Denn fall ick se nich mehr to Last, de Lüüd. Am besten *elektronisches Bankkonto, online*!

Nu treck de Mensch ganz locker un lejeer een Plastikkort ut de Tasch. De warrt in ´n Automat steken, Geheemnummer ingeven, mitünner noch ´n Willem ünnersetten, oder ok nich. Ferdig! Un glieks is de groode Inkoop bi ALDI mit 8,53 € betohlt. Wenn dat denn bi dat erste Mool klapp, mit de richdige Nummer.

Dat dat Geld utgeven is waart ´n ers loter wies. Un wenn dat nich mehr reck beet wedder wat kümmt, rüümt de Bank grootortig ´n Kredit in. Keen Problem, un so praktisch!

Ganz leeg warrt dat, wenn ´n de Kort verlustig geiht! Vun wegen Geheemnummer! De is gauer knack, as een mark, dat de Kort weg is! Un denn sitts op´n Proppen! Gauner sünd de *elektronische Technik* vun de Banken un Sporkassen ümmer al ´n Enn vöruut!

„Sammelt Se Harten?“ Froogt mi een an de Kass bi Kaiser´s. Bi REAL wüll een weten, ob ick Punkte hemm wüll.

Nie wedder Kunnenkorten! So lees ick annerletzt. Dat gifft *Punkte, Meilen, Digits, Points, Club*- un Stempelkorten, beet de Geldbüdel platz.

Is nix anners as fröher de Rabattmarken, de in´n lütt Book inkleevt woorn. Man bi de Rabattmarken wull keener grootordig wat vun mi weten. Nu froog se de Koh dat Kalv af för so´n Kort.

Bi düssen niemodschen Kunnenkorten warrt alles fastholen, wat ick inkööp, so´n Ort Marktforschung wull. Vun Bodder, Melk un Mehl beet to Schokolood un Tantemeierpapeer! Denk mol, de reek noher ut, woveel ick an ´n Dag bruken doo un riemelt sick tosomen, dat dat an de Plummen liggt, de ick köfft un vertehrt heff, wat de Verbruuk vun dat veele Papeer angeiht.

Nee, nee, heff ick keen Lust to, to all de Korten. De künnt se beholen. Wi warrt al noog utforsch. Se dörchlüüch uns, kiek dörch uns dörch, weet alles vun uns.

Mi reck dat. Un ´n poor Geheemnisse wüll ick noch för mi beholen!

Lüüd bekieken

Lüüd bekieken deit ´n egentlich nich. Man ut´t Huus gohn, to een Vördrag, in ´n Konzert oder een Theoterstück, is ´n Beleevnis. Un denn dörf man ok mol Lüüd bekieken.

Een Vördrag, in´n Gastwirtschaff an´n Wittensee. De Stöhl halvrund üm de Disch opstellt, wo de plattdüütsch Verteller schnacken sull.

Rechtiedig, ehe dat losgüng, harr ick mien Platz funnen un sett mi dool. Groode as ick seet, stünn een Mann vör mi, müss vörbi. ´N rech stramme Figur schoof sick dörch de Reeg, dat woor bös eng twischen uns. Meis harr sien Buuk sick an mien schüürt. Un denn schnoof he vör sick hin un pust mi noch an! Man trüüchwieken kunn ick nich, de Reeg Stöhl achder mi weer al besett.

´N Ogenblick loter een Fruu, sull ok bi mi lang. Dat güng ganz lich. Düsse Fruu seh fein ut, nett antosehn. Hoor to Schick, dat Kleed glatt un schier, ´n fründliches Gesich. Ick keek ehr an un överlee mi, wie se wull leven dee un seh dat vör mi.

Dat Huus op de Reeg, Köök, Stuuv un Schloopstuuv oprüümt, de Footborm rein un blänkern. De Fenster frisch putz, un an de Puttblomen op de Fensterbank keen drööge Spier. De Gedien nich bloß sauber, nee, ok rein! De Göörn doot, wat se süllt, wat Mudder se segg. Un de Mann, de hüüt nich dorbi is, hört ok op ehr. Een geregeltes Leven harr düsse Fruu, dach ick bi mi, wenn ick ehr so seh.

In de Huusdeel, blangen de Döör, keen Schoh in de Weg, as wenn se Junge kregen hebbt, as bi mi to Huus. Keen Stück Tüüch liggt, wo dat nich hinhör´n deit. Nix vun wegen holter di polter ut Huus!

Bi mi bimmel de Klönkasten, groode, as ick los wull. Un denn müss mien mi nu noch gau wat ganz Hochwichdiges wiesen, kunn nich töven beet moorn. Blöh´ doch groode so´n schöne Bloov in uns´ Goorn, de müss ick mi nu ankieken. Un denn weern dor ok wedder frische Spuren vun ´n Reh! Harr sick, as meis jede Dag, sien Mohltied bi unse Bohnen holt. De Phlox un de Rosen harrn em ok schmeck, as dat utseh´. Al dat müss ick, wo ick egentlich los wull, to weten kriegen. Un nu weer ick al wedder wat loot op de Weg.

Düsse Fruu, de eben an mi vörbi weer, bi de keem dat nich vör, de passeer sowat as mi ganz bestimmt nich!

Larm

Wat heff ick mi verjoogt! Dat dreep mi as´n Dunnerschlag! Grode weer ick in de Loden rinkomen un sinneer, wat ick hemm sull. Mien Zeddel, wo alles opstünn, leeg to Huus op Kökenschapp. Dor leeg he goot.

Ick güng dörch de Gänge un överlee. Wat weer dat nu noch? Un schoot regelrech tosomen: „Heute empfehlen wir aus unserem besonderen Angebot ... nur heute bei uns so günstig …“ dröhn mi dat in de Ohr´n. Un denn keem Musik, oder wat een dorför holen kunn. Luut, sowat vun luut! Nu wüss ick gor nich mehr, wat ick inköpen wull.

Dat Wichdigste insammelt seh ick to, dat ick an de Kass keem to Betohlen. Un denn nix as ruut! Wat ick nu nich inköff harr, geef dat eben nich bi mi. *Sonderangebot* hin oder her. Dat to kriegen harr ick noch mol dörch de de Loden müss, bi de Laarm. Nee, danke!

Mien Radio in´t Huus kann ick luut oder liesen stellen, oder ut! Wat dor intwischen ruutkümmt, bi uns´ *Regionalsender*! Stell ick de Kassen moorns an, kreiht mi wat entgegen, un dat op nüchtern Mogen! *Internationale Hits* nöömt se dat. Un *Lieblingsmusik*! Siet ´n poor Johr hebb se sick op „jung“ instellt. Mööt mit Gewalt modern ween, de Radiolüüd, sick bi de jungen Lüüd anködeln. Warrt sowieso nix.

Hör ick nu wat anners. Man egentlich wull ick gern weten, wat üm mi rüm in uns´ Gegend passeert, ober denn mutt ick de mehrste Tied dat Geschrachel mit in Koop nehmen. Wo se sick de Seel ut´t Liev schriet, as wenn ´n Katt op de Steert peert oder ´n Schwien üm sien Leven schrigg, wenn de Schlachder mit Mess achder em her is. Geiht dat womöglich op ´t Enn to? Sall se de Luff afknepen warrn? So kreiht se, wat se Musik nennt, so kümmt dat ut se ruut. Kort vör´t Enn, mit allerletzte letzte Kraff! So hört sick dat för mi an.

Un dat Wum, Wum, Wum, Bum, Bum. Dat Sülbige ümmer wedder vun vörn. Wat praktisch, kann ´n ümmer wedder bruken, mutt´n sick keen Gedanken moken över nie Stücken. För mi is dat de reinste *Körperverletzung*!

Överall warr ick vullblarrt mit dat, wat ick nich hören wüll. Roop ick an bi een Amt, bi de Bank, bi de Dokter oder een Versekerung an un de Leitungen sünd besett, hör ick vun´t anner Enn: *Bitte warten Sie* ... un denn kümmt Musik. Endlos Musik. Künnt se nich eenfach mol still ween?

Wenn ick in´n Wirtschaff goh, wüll wat eten, mit Frünnen schnacken. Geiht mehrstieds nich, de Musik is nich to överhörn. Ick mutt luut schnacken, dormit mien Gegenöver mi verstohn kann.

In´n Drogerie heff ick mol ´n junge Fruu froog, worüm düsse *Bedröhnung* in de Loden lopen dee. Se hör dat gor nich, kreeg vun ehr to weten! Man worüm stellt se dat denn nich eenfach af?

Af un an müch ick mien Ohren toklappen un nix hören, so as ick de Ogen tomoken kann, wenn ick wat nich sehn wüll.

Merkwürdig

Ut Huusfruuns warrt Soß´ mook. Wo anners sall ick dat verstohn, wenn op´n Schild steiht: Matjesfilet op nordische Ort, mit rode Zibbeln un Huusfruunsoß. So sünd Huusfruuns denn to wat goot, warrt Soß ut mook un sünd op düsse Ort un Wies denn noch to bruken. Kinnerwuss giff dat ok. Dorto stell ick mi lever nix vör.

Leevst du noch? Een schwedisches Möbelhuus stellt düsse Froog. Man nich bloß de. De Versorgungsinrichtung vun de Dokterkommer in uns Land schreev an de *sehr geehrte* pangschoneerte Professer Dokter: Leevst du noch? Dat güng üm Geld, üm de Rente vun der Dokter. Dat Geld kunn bloß an ´n Mensch överwiest warrn, de sick de Kotüffeln noch nich vun ünnen bekiek.

De *Körperschaft* bruuk en Beschienigung, dat he an´t Leven weer. Dat sull he nowiesen mit ´n Zeddel vun de Sporkass, vun de Gemeen oder vun sien egen Dokter.

Man de Professer weer plietsch un ganz lebennig. He ünnerschreev dat Schriffstück sülm un schick dat an de Kommer. Wat sull he no Hüün un Bedüün lopen, sick een Beschienigung besorgen, dat em dat noch geef? Sien Ünnerschriff weer doch wull Bewies noog! Prompt keem een Breef trüüch. Nee, moken se em klor, so güng da nich. He harr sülm ünnerschreven, dat weer nich de Amtsweg. De Professer fohr no de Dokterkommer un hin wies de Lüüd, dat he noch leev. Sull´n se sick sülm vun övertügen. Hebbt se em denn wull glöövt.

Uns Novers, de Dänen, buut Wien an. Mag keen Mensch drinken, is suuer, schmeck nich. Ober, dat gifft Wien ut Dänemark!

Un wat de Dänen künnt, dat künnt wi Schleswig-Holsteener al lang! Eben so goot! Oder beter? Ligg uns Land doch direkt in Süden, vun Dänemark ut sehn.

Uns´ Landwirtschaftskommer bütt de Schleswig-Holsteener mit ´n *Verordnung* an, no de EU-Gesetze Wien to moken. Man keener ut de Kreis Schleswig-Flensborg hett sick dat to nutze mook, keen Andrag weer ingohn! Sülm Schuld, segg dat Ministerium. Man wo bleev nu de *regionale Produktvermarktung*, in uns´ *Aktivregion*?

Schood egentlich, denn mutt ick nu op de Wien ut Nordfriesland utwieken. Dorbi harr ick mi grode op *Wittburgunder* oder *Müller-Thurgau* mit Nomen *Esgrus-Schaubyer Treppchen* freut.

Een afgrenz Anbuurebeet kunn dat geven, de denn *Nordfriesland-Holstein* heten kunn. Acht Gemeen´ dorven Wien anbuun, un se drängeln sick an de Westküst regelrech üm de Anbuurechte un de Flächen. In de Elisabeth-Sophien-Koog, Sylt-Ost, Nieblum un Alkersum op Föhr, wenn´t ok Flachland weer.

De Kreis Plön egent sick sünnerlich, wiel dat dor Bargen gifft! Denn Wien föhlt sick wohl in de Bargen. Ok Eckernföör un Rendsborg sünd dorbi, dor in de Nechde gifft dat tominds de Aschbarg.

Dörteihn Peer ünner de Hommer. Wat künnt de een leed doon! Ok Biller koomt ümmer wedder ünner de Hommer. Ick weet nich, mook de sick denn noch goot an de Wand?

Weniger *Immobilien* as süns koomt ünner de Hommer. Wenn dat so is, kann dat bloß bedüden, dat de ganz groten Hommers all sünd, denn groot mööt de jo doch ween, för de Hüüser.

In Angeln, bi uns in Schleswig-Holsteen, hebbt se Helper för de Oorn vun Kokosnööt söcht. De Opgoov: „Planung und Koordination der Kokosnussernte". De Interessent sull nipp un nau arbeiten, sülm Verantwortung övernehmen un mit Lüüd goot trechkomen. Typisch alleen sull he *kämpfen* künnen *(Einzelkämpfer)*, extra groode Hännen hemm, een harte Stirn un lange Töhn to Klaarn op de Bööm. *Flexibel* un *kreativ* weer ok gern sehn. Chiffre 966 15649. Dütt Johr wüll ick mi rechtiedig op de Weg moken, mol sehn, ob se noch Lüüd bruken künnt.

GEZ kloogt an: *Adam Riese* kiek un hört schwatt! Man wer in´t sössteihnte Johrhunnert doot bleven is, de leevt no *Adam Riese* siet üm un bi 450 Johr nich mehr! Een Rekengenie, de egentlich Adam Ries heten hett, storv an´n 30. März 1559.

Nu hett de Mann, de dat nich mehr gifft, Post vun de *Gebühreneinzugszentrale* kregen. He sull doch sien Puschenkino-Apparot un de Klönkassen anmellen, heet dat in dat Schrieven, wat an dat Adam-Ries-Museum in Sachsen schick woor.

De Museumschefin schreev dorop hin een Breef an de *GEZ*, dat dat *Herrn Adam Riese* nich mehr geven dee. De Antwort vun de GEZ: He sull doch nu endlich sien Deelnehmer-Nummer angeven un betohlen! Ers no een Anroop bi de GEZ glöven de Tostännigen, dat *Adam Riese* se nich mehr vun Nutzen ween kunn.

Familie Meier in Elmshorn kreeg ok een Breef vun de Lüüd, de dat Geld för´t Radio, för de *Öffentlich Rechtlichen Rundfunkanstalten*, indrieven doot. Ehr Mitbewohnerin Mascha sull betohlen. Man nu weer Mascha de Katt vun de Familie. De Dochder harr mol bi ´n Priesrätsel för Kattenfudder mitmook, een Kort hinschick un de Noom vun de Katt opschreven. In de Breef an Mascha stünn nu, dat se egen Geld verdeen un in´n Huusholn vun ehr Öllern een Radio harr. Ehr Inkomen leeg wull över 287 €? Denn müss se de Gebühr betohlen, wenn dat Radio in ehr Stuuv stünn oder wenn dat noch ´n Apporot in ehr Auto geef.

To de Familie Meier hör´n de de Öllern, de Dochder, een Hund un twee Katten, denn noch twee Peer. Jede vun se harr ´n Noom. Geef noch veel to doon för de GEZ.

Bockwuss in´t Schwien, stünn op mien Kassenzettel. Wat harr ick dor denn inköfft?

Fondue-Fleesch, ut düütsche Hüften schneden. Aua! Tele-Pizza! Krieg ick de dörch dat Kabel vun´t Telefon? Angebot vun´t Land: Eier un Kotüffeln vun frielopen Buuern.

Een Schild an de Stroot: *Hansen´s Gasthof, Mittagstisch, 200 m*. Een 200 m lange Disch? De ganze Kroog seh egentlich nich so ut, as dat de dor rinpassen kunn.

In ´n November geev dat Gröönkohl mit Danz! Noch nie heff ick Gröönkohl danzen sehn! *Steakteller 220 g*, dat Angebot op de Spieskoort. Ick dörf de Teller mit eten!

Een brodte Fischteller, 12,70 €. Wo lang hebbt se de wull op Füüer stohn hatt?

Eener hett ruutfunnen, dat ´n ut een Katt 2 ½ Liter Benzin moken kann. Woveel Möög dat mook stünn nich dorbi.

In Berlin kreeg de Wiehnachsmann ´n Stroofanzeig, wiel he jedes Johr dusende Tunn vun Sötigkeiten verdelen dee, un de mook Schoden an de Menschheit! Man de Staatsanwalt weer nich tostännig, wiel sick dat bi de Wiehnachsmann üm een *überirdische Erscheinung* hannel, heet dat in dat Schrieven vun´t Gerich.

Een Buuünnernehmen söch een Lehrling to Bürokoopfruu, *männlich oder weiblich*, un dat *Ostsee-Resort Damp: Zimmermädchen, männlich / weiblich.*

Erholungsrebeet Wilhelmshaven. Hinwies: Wenn de Kläranloog vull is, löppt dat Toveel an Schietwoter in de Nordsee, ober verröhrt, *verquirlt*. Tip an de Tuuristen: Se sull´n sick ´n Biespeel nehmen an de Lüüd, de in Wilhelmshaven to Huus sünd. Wenn de ut Woter güng´n, denn sull´n se dat ok doon. Ok, wenn de Möwen över´t Woter ehr Kreise treck, weer *verquirlte Scheiße* bin´n.

Dormit dat nich mehr passeer, woor vun de EU een *Selbstüberwachung für Schmutzwasseranlagen* insett. Düsse Sülmöverwachung denk un hannel egenständig, verseker de EU. Man schienbor weer de in de Sommer, to Urlaubstied, wull groode sülm op Reisen? Süns harrn de Möwen wull keen Lust mehr hatt´t, över´t Woter to *kreisen*?

No de Insel Poel, an de Ostsee, gifft dat een Brüüch. Man keen Stroot, de dor hin geiht. Düsse Brüüch is so hoch, een Opfohrt dorüm nich möglich, un so mutt man üm un bi een Meter hochklarrn. De Meen vun de Verantwortlichen: De Tuuristen süllt sick nich so anstell´n, dat is´n sportliche Ruutforderung un bewegungsfründlich. De Lüüd weern sowieso all to dick.

Volkspolitur bütt een Firma in´n Katalog an. Wer oder wat sall dormit poleert warrn? Dat Volk?

Fohrrad-Ünnerwäsche, günstig to kriegen. Ok een Fohrrad kann freern ...?

Eierschalensollbruchstellenverursacher, vun´n bekannte Firma. Dormit kanns vun dien Fröhstücksei de

Kopp afkriegen. Ick nehm eenfach dat Messer.

Ganz wat Niees, een *Poesiealbum*! Nee ober ok! Mit de Hinwies: Fröndschaffspleeg ok ohne *Facebook.*

Verbuddelt een Hund een Gebiss, mutt de Versekerung vun ´t Herrchen dat betohlen. Man ers, wenn ´n ganz dull dorno söch hett un dat liekers nich to finn´n is, so dat Urdeel vun´t *Landgericht Hannover, AZ 18 S 86/04.* In düsse Fall harr de Hund dat Gebiss ut de Bodestuuv klaut un in de Goorn versteken. De Besitzer vun de Tähn, Herrchen vun de Hund, kunn de Kusen nich wedderfinn. De Versekerung harr nich betohlen wullt, woor denn ober doch dorto verdunnert.

In´n „Nichwohnhüüs" sünd rund achhunnert Wohnungen vörsehn, söben Prozent weniger as in´t Vörjohr *(Statistisches Amt)*.

Een eenmolige Betohlung warrt för de Berechtigte bloß eenmol geven!

„Afschneene Lüüd" woorn vun ´n Insel mit ´n Fleger reert.

Balkon-Langzeitdünger (Sonderangebot!) Kann´n Balkon ok wassen, wenn he Dünger kriggt?

Ok een Hamsterrad süht ut as een Ledder för de Erfolg no boben ...

Krankentransporte sünd för Hoppetuzen gefährlich. Ümweltschutzverbände sekert de *Amphibienwanderweg*, een 250 m lange Tuun warrt opstellt. Möglich is, dat de Stroot bi dulle Regen ganz sparrt warrt, ok för Krankenwogen, wenn de Pochen ünnerwegens sünd. Denn bliev tominds de an´t Leven.

Deerten, de een in´t Huus hölt, mööt keen Angs mehr hemm för de Tierdokter. Wat schön! Wenn se dat denn weet, dat Blatt leest hebbt, wo dat in stünn.

Doode Peer in Lasagne! Mutt dat ´n groode Stück Eten ween! Brüchendag, de nie Begriff. Een Dag mit ´n Brüüch? Vun´n Brüüch?

´N Kontaktanzeig, he söch ehr oder se em. Bi Interesse bitte schrieven mit Bild.

Wie geiht dat? Wenn ick wat schrieven wüll, nehm ick ´n Bliesticken oder sowat.

As Kind harr se am levsten de suren Nieren vun ehr Oma eten müch, vertell een Kööksch, de een öffmols in´t Fernsehen beleven kann. Leev Oma denn nu ohne ehr Nieren?

Kreisrunder Haarausfall? Lieferant aller Krankenkassen! Kontakt unter frieda-haarersatz.de. Telefon: Kiel, 0431 ....

Man wer keen *www* ... hett, kann de nich kriegen, mutt denn ohne trechkomen, ohne de kreisrunde Hoorutfall.

Kreative Ordnung

Dat bimmelt an de Döör, Klock ölven an´n Vörmiddag. Doogelang kümmt keener, un utgerekent hüüt, groode nu! Ober schön! Sünd Frünnen, de mol eben goden Dag seggen wüllt.

Ick kiek mi üm, ehe ick an de Döör goh. Egentlich kann ick so gor keen rinloten. De Rest vun de Inkoop steiht noch in de Köök, sall wegrüümt warrn. Wuss, Schink, Melk un Bodder harrn dat noch in´t Köhlschapp schaff. Zucker, Mehl un de Tähnpasta koomt noher an Ort un Stee. Dat mook ick loter. Eenerlei, Kökendöör to. De Footborm feeg ick noher, de Bessen steiht al dor. De Schiet löppt nich weg, egentlich schood. ´N Stopel Zeidungen op Schapp, wüll ick noch mol rinkieken. Gestern harr de Besöök dat beter andropen bi mi, nu mutt sick dat so hemm.

Wenn alles so richdig op de Kopp steiht, wat heff ick denn vun Ideen, wat ick alles doon kunn!

Een stell sick vör: Twintig Pund Lehm! Bruune Lehm. Oder nehm ick doch eher de rode? Wat vun Glasur sall dor noher rop? Bi de rode Lehm süht de sülbige Glasur anner ut as bi de bruune, denn eher wat hell.

Un wat wüll ick dorvun moken? Een Schöddel, een Beker, oder doch lever ´n Voos? Een Voos för de lütten Bloom ut de Goorn oder wat grötter? Sall de liek un gliek warrn, op de Schiev dreiht, oder mit de Hänn opsett? De Möglichkeiten kennt keen Grenzen.

För de Schief mutt de Lehm schmietig ween, nich so fast. Woter to un düchdig bearbeiten. Dat matscht, wat is dat schön! Arms hochkrempelt, de blaue Schört vör, un denn geiht dat rund! Kann ick mi richdig an uttoven! Dörf keen Luff inblieven, in de Lehm, süns goht de Deele bi´t Brennen twei. Dorüm mutt de düchdig schloo´n warrn. Am besten vun boben rünner, rop op de Eer. De Brill krigg wat af, un de Farv vun de Wand kenns nich wedder.

Dat Schloo´n sorg nich bloß dorför, dat de Blosen ruut koomt. Bün ick mol so richdig in de Brass, is mi wat quer komen, denn geef mi ´n Klotten Lehm! De so richdig verhaun, wat mook dat frie! Dat begöösch! Sett sick nich to Wehr, hett keen Wedderwöör! Dankbores Material! Glieks is de Welt wedder in Ordnung.

In mien Neihstuuv een Stück Stoff. Wat fallt mi dorto in? Dütt, in gröön, kunn ´n lütt Dischdeek warrn, pass in de Farv to dat anner in de Stuuv. Ut dat mit de lütten Enten, ´n Rock un Bluus för´t Enkelkind? Ick seh al, wie de Lütt sick freut.

De Neihmoschin steiht nu al mol op de Disch, kunn ick ok glieks de Kökendöker ümneihn, de hebbt wat leden vun de Gebruuk. Flusen, Fusseln, Reste vun Stoff üm mi rüm. Neihgorn, Nodeln. Wo is de Scheer? Harr ick grode noch, nu weg. Heff noch een, un de is to Hand.

In mien *Büro*, fröher Kinnerstuuv. Papeer is so gedüllig! Verdeelt sick üm mi rüm. Wat nich to bruken is, kümmt noher in de *Rundordner*, de Papeerkorv. Nu keen Tied to, lenk bloß af. Oder ick wüll noch mol wat kieken, viellich. In düsse Stuuv hett keener wat to Söken. Höchstens mien Computerfründ, wenn de Technik mol klemmt un he mi help, dormit alles wedder löppt. He is Kummer gewohnt.

Ick bruuk een Kort, för ´n leeve Mensch to Geburtsdag. De Köfften? Nee, dat sall ´n schöne een ween. Un ick heff so feine Biller mook, een dorvun kunn ick nehmen dorför. Ruutsöken, drucken, trechschnieden, ´n Blatt Papeer in passend Farv inleggen, tosomenkleven. Süht fein ut, man dat duuert ok sien Tied.

De Neihmoschien steiht ümmer noch. Een Noht an de Bluus bruuk ick man bloß noch mit ehr moken. Un egentlich sull ick al lang mol wedder de Fenster putzen. Mööt töven, ick kann jo noch ruutkieken.

Is dat Huus op de Reeg, alles an Ort un Stee, kümmt keen Mensch to Besöök. Denn kunn ick doch mol wiesen, dat dat nich ümmer ünner un över geiht bi mi. Un wenn ich sogor Stoff wisch heff!

Wat sick üm mi rüm verdeelt, dat is keen Unordnung, dat is *Kreativität*!

Un ween dat nich passen deit, klemmt sick nich de Mors bi mi in de Döör!

Müüs

Hest du ok al dorvun hört?
Veele Menschen warrt verföhrt
vun een ganzen nieen Tick:
Vun de Muus-Klick.

Dat is nich so, dat se künnt freten,
is man bloß, dat se ´n beten
de Menschen stöör´n doot in ehr Ruh.
Hebb se di to foten,
denn is dat dormit ut!

Nu gifft dat Lüüd, de sünd de Meen,
wat sall dat, woto is de goot, de een?
Du sast di wunnern, ok mi hett dat packt,
dor harr ick süns nich över schnackt.

Man, heff ick Breeven mol to schrieven,
an´n Amt, Versekerung oder süns wat to kriegen,
denn geiht dat ganz komodig, klick de Muus ick an,
un fardig is dat, gauer, as een kieken kann.

Man, bi manche kümmt dat jo ganz gräsig,
de sünd, wenn se de seht, ganz täsig,
un hört un mark nix üm sick rüm.

Wenn de ers anfangen doot to Spelen,
sünd se to nix mehr to bewegen.
So kann dat ween,
manch´ een krigg nich mol de Sünn to sehn.
Haut sick de Nachen üm de Ohrn,
as geev dat överhaupt nie mehr een Moorn.

Mi passeert dat nich, dat kann´s mi glöven,
wo ick ´n Bett heff, wat deit op mi töven.

Ick wüll düsse Müüs ok gor nich bewerten.
Man: Marks Müüs? Rotten hebb ok Sterten!

Nie Schoh

Fruu Clausen hett öffmols Besöök vun ehr Noversjung. Thomas is sowat veer Johr old, un Fruu Clausen hett de lütt Snöterputt gern üm sick.

Herr Clausen hett ´n schwere Arbeit, un no´t Middageten legg he sick gern ´n Stünnstied hin.

So paß dat egentlich gor nich so rech, dat Thomas ümmer groode denn kümmt un wat schnacken wüll. Mol froog Fruu Clausen em, worüm he ümmer üm düsse Tied bi ehr inkieken dee? He kunn doch ok an´n Nohmiddag no ehr komen.

Nee, meen Thomas, in de Middagstünn kunn se em to Huus nich bruken, denn schlepen se doch all!

Eens Doogs keem Thomas wedder bi Fruu Clausen an, een Lüchen in sien Gesich. He wrangel sick op dat Sofa in de Köök, so as ümmer, wenn he ehr besöch. Süns seet he ümmer ganz still un keek Fruu Clausen to, wat se groode mook un schnack mit ehr.

Hüüt weer dat anners. Thomas rutsch hin un her un spaddelt mit de Been. So kenn´ Fruu Clausen em gor nich. Ümmer wedder keek he op sien Fööt, denn no ehr hin, un wedder op de Schoh. Mark se denn gor nix?

No´n Tied keek Fruu Clausen wat näher hin un meen, ob he wull nie Schoh harr?

„Oh jo“, strohl dor de lütt Buttje, „de heff ick hüüt Vörmiddag kregen!“ Un, wull he vun ehr weten, ob se de lieden müch?

Ganz dull, segg se, de müch se ganz gern lieden. Man, ´n beten truurig weer se ok, denn se harr keen nie Schoh, kunn sick ok keen köpen. Ob Thomas ehr sien Schoh nich geven kunn?

As Thomas dat hör, keek he ehr ganz bedrüppelt an. In ehr Gesich, denn wedder op sien Fööt, froog ehr noch mol, ob dat denn wirklich nich güng? Fruu Clausen schüttkopp, nee, nich.

Thomas sinneer, in sien Kupp arbeit´ dat, ´n ganze Stoot see he nix.

Denn süfz he so rech vun Harten. „Wenn dat so is," meen he, un dat weer to marken, wo schwer em dat full. „Wenn dat so is un gor nich anners geiht. Weet´s wat? De eene, de linke, de kanns kriegen, de is mi al´n beten schietig woorn."

Energie

Wat sünd wi vun Energieverschwender! Wat goht wi bloß rief dormit üm! Nee, nu loop nich glieks no de Lichschalter un knips de lütt Lamp ut! Düsse Energie meen ick nich. Dorvun vertellt uns veele Lüüd al noog.

De Energie, de ick meen is de, de wi sülben hebbt, de in uns is.

Wenn ick dörch de Stroot vun uns Stadt loop, is dat ümmer wedder ´n Beleevnis! So öff doo ick dat nich, bloß, wenn´t ween mutt. Denn, goh ick to Stadt, geev ick Geld ut. Vun´t Lopen krieg ick runde Fööt, un wenn ick alles beregelt heff, koom ick bös möh un dröög un maddelig to Huus.

Man ick kiek de Lüüd gern an, de mi bemöten doot. In´t Gesich kiek ick se. De een hett de Kopp vull vun Gedanken, süht ut, as dröömt he vör sick hin. Een Fruu simmuleert över ehr groode Zeddel, de se in de Hand hett. Dat sall se noch alles besorgen? ´N anner Fruu steiht vör ´n Schaufenster un överlegg, wat se köpen wüll.

Veele rönnt dörch de Stroten in een Tempo, as wenn se dorför betohlt kriegt. Bi eenige mach dat so ween, wiel se för ehr Arbeit ünnerwegens sünd. Man de Mehrsten jachdert sick af, ohne Not.

Deepdenkern, Stirn in Falten, de Blick stuur liekuut, mitünner as gnadderig. Nix as gau an vörbi.

Wat kost dat alles vun Kraff! Düsse Energie kunn een ganz anners bruken!

Ick versöök dat ümmer mol wedder. Fründlich een ankieken, ´n lütte Grientje, man bloß so. Een Blick trüüch. Froogwies: kennt wi uns? Een Nücken, mitünner. Oder as: wat wist du vun mi?

Bi Kinner glück dat! Ick lach ´n lütt Buttje an. He sitt in de Koor un warrt vun sien Mudder in´n Rallytempo dörch de Stadtstroot schoben.

De Lütt freut sick un grient vergnögt trüüch. Mudder mark dat mehrstieds gor nich oder wunnert sick, worüm dat Kind sick högen deit.

Lachen sport de Krankenkassen Geld, Lachen gifft Kraff un Energie! Bewies is, dat ´n Wehdoog mitünner weglachen kann! Denn büst nich so lang süük, föhlst di beter, un de Krankenkass freut sick.

Worüm verschwend´t wi so veel Kraff för Unfründlichkeit? För een Grientsche spannt een fiefunsösdig Muskeln in´t Gesich an, för een vergnadste Visaasch mutt ´n hunnertunteihn in Gang setten!

Dat is doch de reinste Energieverschwendung! Fang wi doch glieks mol mit Energiesporen un lach een Mensch in´t Gesich!

Musik

Schleswig-Holsteen-Musikfestival, wull ick al so lang mol hin. Wenn een dat beleven dörf! Man mehrstieds kümmst an de Korten nich ran, sünd utverköfft.

Ober eenmol klapp dat doch, in Husum.

Een groode Sool, Stöhl in Regen opstellt. Blänkern Lüchen an de Deck, an de Wand. Lüüd fein in Tüüch, tööv op dat *festliche Ereignis*.

An de Döör bi´t Rinkomen drück mi een ´n Programm in de Hand. Nu weer Tied to kieken, wat hüüt speelt warrn sull.

As erstes full mi in´t Oog: *Musik eines noch lebenden russischen Komponisten*.

Op de Bühn dat Orchester, se stimm´n ehr Instrumente. De Mehrsten vun se Vigelins. Dat huul un schreeg un schrammel, denn weern se trech dormit.

Een Mann in ´n schwatte Frack keem to´n Vörschien. De Lüüd klatschen as dull. Nu al? Noch harr he nix doon!

De Dirigent nehm´ sien Arms hoch, de Muskanten keken no em. So, nu! De Vigelins fungen an, dat erste Stück weer anstimmt. Harr ick noch nie hört. Posaunen un Trompeten keem´n dorto. No´n Ogenblick weer´n se all in Gang, de Trommel harr nich veel to doon.

Apart, wat ick hör. Dirigeert woor dat Orchester vun de Komponist sülm! Denn müss sick dat wull so anhörn.

Noch levende Komponist hin oder her, mien Ohrn deen sick schwer mit düsse Töne. Man nu weer ick hier, denn wull ick ok alles mitkriegen.

´N poor junge Lüüd stünn twischendörch op un schliekern sick no buten. Noch ´n poor Stücke, denn keem de Paus.

Dorno güng dat wieder, so as vörher. Lampen tell´n is ok schön! Wat sünd dat veele! Interessant!

Nu de Fideln! Een, twee, dree . . . söbenteihn Stück! All söbenteihn to glieke Tied, op de Sekunn genau, de Bogen no boben, denn wedder no neern. Weer dat ´n Bild! As bi´n Ballett!

Hett mol een segg, Musik besteiht ut ´n Reeg vun veel ünnerscheedliche Töne, de in´n Tunn schmeten un mit ´n Angel wedder ruutfischt warrt. Jo, dat kunn passen.

Dat Programm weer to Enn, dat offizielle. Man denn geef dat noch ´n poor Stücken extra, as dat Publikum noog in de Hänn klatsch harr. Dat weer Musik, de mi gefull. Harr´n se sowat doch de ganze Obend speelt!

Man ick heff wat tolehrt! Wenn ick mol wedder in´n Konzert wüll, kiek ick mi dat Programm an, ehe ick ´n Kort kööp för so´n Veranstaltung.

Steiht dor, *Musik eines noch lebenden russischen Komponisten*, denn weet ick: Dat warrt op jeden Fall nich langwielig.

Kunst in´t Huus

Door steiht he nu! In´n sünnige geelfarv. Oprullt, *originalverpackt*, nich anröhrt! In de Eck vun de Schloopstuuv un weet nich, wat he sall!

Öffmols heff ick dorvun hört un leest un em dorüm köfft. De mehrsten Lüüd, de to Mallör koomt, passeert dat in de Boodestuuv, in de Wann! Dor rutsch se in ut! Un dorüm mutt een so´n Dings, so´n Matt, bruken.

Segg de *Statistik*! Meent de, dat ick tüffelig bün un mi sowat passeert? Denn doch wull bloß, wiel mi de Seep vör de Fööt fullen is! Un wo weer dat noch? Truu keen *Statistik*, wo du nich sülm an dreiht hest.

Ober nu heff ick em, düsse Matt, un ick kann nich dorto komen, em uttopacken un hintoleggen, wofӧr he dach is.

Doo ick dat, loot Woter inlopen un stieg in de Wann, warrt dat Ding natt, so as ick. Bün ick rein, is de Matt nich mehr frisch! Wo legg ick de nu hin? Liggenloten geiht nich, fang an to mucheln.

Ruutnehmen, ophängen to Drögen? Drüppelt mi de Boodestuuv natt. Denn mutt ick de wedder reinmoken, koom in Schweet dorbie, harr ick mi dat Boden spoorn kunnt. Wat nu doon? Oder beter: wat loten?

Ick heff ´n Idee! So´n Fummel för de Wann bruuk ick nich! De ist bloß för Lüüd, de to reinlich sünd, to gründlich! Wo ümmer alles blinken un blänkern mutt! Wo een segg: Dor is dat so püük, kanns vun de Footborm eten. De leev gefährlich! Denn, blänkert de Wann, denn passeert dat. Kümmst in´t Rutschen un to Mallör!

Dat gifft noch ´n anner Möglichkeit, Hol´n för de Fööt in de Bodewann to kriegen, ok ohne so´n Brems.

Een lett ´n beten *Patina* op de Emaille anwassen, vun de Kalk, de in´t Woter is. Je no Härtegrood geiht dat gau oder duuert wat länger. Dat Woter, wat in lütte Seen, tosomen mit Reste vun Seep un süns noch wat stohn bliff eenfach andrögen loten. Dat gifft Ränder, wenn een lang noog tööv!

Kann ´n poor Wuchen duuern, ober denn klapp dat. Man ümmer an denken: nich glieks reinmoken, jo nich! Denn lös sick dat Problem vun ganz alleen, natürlich un bequem!

Bi oole Stücken ist *Patina* wat Feines, wertvull, mook alles düür un edel! Worüm denn nich in de Boodestuuv, för de egen Sekerheit? Dat ick mi nich de Been breek? Wertvulleres as mien Gesundheit kann dat nich geven!

De Fetteck von Joseph Boys op een Tapet weer mol ´n groodes Kunstwark! He harr ´n Pund Bodder an de Wand un an de Deck vun een Stuuv verdeelt. Düsse Kunst kunn veele nich begriepen, so to´n Bispeel de Reinmokersch, de de Plack seh. Un wiel se ´n ördentliche Fruu weer, hett se de wegschüürt. Se sull reinmoken, un dat hett se doon. So´n Schmeerplack kunn ´n nich backen loten, igitt! Un achdernoo hett se Ärger dorför kregen, dat se so gründlich weer. Dorbi harr se ´n böse Mars hatt, de fettige Kroom wegtokriegen.

Ick mook dat nu so: Dormit mi nix Leeges passeert un ick gesund bliev, loot ick de Wann ´n Tied in Ruh un quäl em nich mit Reinmoken. Heff dat nich so ielig dormit un loot de groode Kunst in´t Huus, in de Bodestuuv, Intoch holen.

Düütsch in Düütschland?

Leev ick noch in Düütschland oder heff ick mi verlopen? *Mainstream-Bonus* versprick een Firma för ´n Handy, düssen Dinger, wo du ümmer to foot to kriegen büst. De *Mainstreem-Bonus* kann ick nich bruken, wiel ick nich weet, wat dat is!

In ´n groode Loden: *Die Weine zum Grillen und Chillen:* Südafrikansche un australsche Wien. *Golden Kaan un Yellow tail* heet de. Wo een wat grillen deit, dat weet ick. Man *chillen*?

In de Stadt gifft dat *Coffee to go*! Ok *Soup to go*! Wat nu? Mien Kaffee wüll ick drinken un de Supp lepeln! *To go* heet doch lopen, soveel ick weet, noch vun mien Schoolengelsch her. Ober wenn mien Kaffee oder de Supp lopen deit, denn is dat to loot. Sall ick de denn vun de Stroot schlicken?

Sale! Över jedes Deel, jede Büx, jede Jack, jede Poor Strümp un Schoh steiht: *Sale*!

Landfrauen kochen mit Kids! Wull´n se moken in´n Dörp, glieks bi mi üm de Eck. ´N feine Sook, mit Kinner wat doon, mit se koken. Man worüm mööt dat *Kids* ween, worüm nich eenfach Kinner?

Een *Performance* warrt ankünnig! Un de dor mit bi sünd, dat sünd *Protagonisten*!

Uns´ Kark mutt mi ok wiesen, wo trüchbleven ick bün! In ´n Karkenkreis Angeln hebbt se een nie Stell för *Fundraising* inricht! Un vun *Ressourcen* in de Kark warrt schnack.

Leader plus – hett dat wat mit Musik to doon?

Pre-Viev, Event, Highlight! Alles sooo düütsch! De nie´n Nohrichten sünd *Headlines* oder *News*! *Burn-out, trendy, cool, super. Senior-Scouts erforschen Vorlieben! Wo Senioren draufsteht, geht kein Best Ager rein ??? Deal or no Deal! Backstage-Bereich für Künstler!* Fröher heet dat eenfach: Achter de Bühn!

Body-Bag. To seh´n op Bild een Rucksack. Man *Body-Bag* kümmt ut dat Engelsche un heet Liekensack!

Wenn ´n Weltmeisterschaff in Football is, stellt se ´n groode Fernseher op ´n Marktplatz, un veele Lüüd künnt tosomen kieken. Sall de gröttste Spooß ween. Op niedüütsch nöömt se dat *Public viewing*. Egentlich heet *Public viewing*, dat jedereen ´n Doode, de opbohrt is, bekieken kann.

Business, Feeling, Paradise Kids! New Energie Symposium – in Husum! *Garden friends* heet nu Lüüd, de gern in´n Goorn wat doot. Un de Scheep legg in´n *Port* an, nich in Hoven!

Slow motion – ganz wat Langsomes. *Business Improvement Districts!* Heet op düütsch: *wirtschaftliche Weiterentwicklung in bestimmten Zonen*!

Een kann sick irgenwo rin- oder ruut*beamen*! Dat giff nich bloß ´n Vördrag, dat is´n *Event*! Un een *Erlebnis-Marketing durch Corporate-Event-Strategie*!

Fohrgäste vun de Bohn woorn mit wat to drinken un mit *Catering* versorgt!

De Förster un de, de in´t Holt sien Arbeit deit is ´n *Ranger*, un in groode Hotels gifft dat *Spa-Bereiche.*

De Sänger bi de *Grand Prix* oder wie dat nu heten mag, hett ganz wunnerbor *performt*! Hett wull fein sungen un is op de Bühn rümhüppt?

Bi uns in´t Schwümmbad giff dat nu *Coins*! Keen Coi. Nich düssen düren bunten Fisch, de sick Lüüd in de Goorndiek hoolt, wenn se nich mehr weet, wohin mit ehr Geld. Meent sünd de lütten Plastikdinger, dormit ´n rinkomen kann in de Bodeanstalt, wüll een dor to Woter.

Ganz wat Groodes is een *Highligt*! Is mien Schapp leer un ick heff nix mehr to eten, denn goh ick *shoppen.* Un wenn uns wat to veel is, denn is dat to *much – to matsch.*

Menschen hebb nich Arbeit, se hebbt ´n *Job.* Un denn gifft dat noch de *Eye-Catcher*!

In *High-Risk-Areas* sall man lever nich fohrn, dat sünd gefährliche Gegenden, segg at Utwärtige Amt in Berlin.

Outcourcing is in! Alles warrt utlogert, no´t Utland! Sogor de *Hotlines* vun de Versekerung, de ick anropen kann, wenn ick wat weten wüll.

Wer mehr över ´n Goornschau in Schleswig-Holsteen weten wull, kunn de *Homepage relaunchen*, vertell de verantwortliche Organisatorin för de Landesgoornschau.

De Friseur nenn sick irgenwann *Coiffeur*, de franzö´sche Noom dorför. Nu giff dat bi uns in de Stadt een, de heet *cut & cash*, schnieden un betohlen. Dat is doch mol ganz direkt, wenn ok nich op düütsch.

Audit sall wull sowat as kontroleern heten, un dat *Insel-Ranking* find´t ruut, wo een günstig för de Nach ünnerkomen kann op Amrum un Föhr, de düütsche Priesspann warrt utreekt.

Op´n Bohnhoff giff dat *Servicepoints*. Wenn ´n dor denn ok wat to weten kriegen kann!

Mitgeföhl is nich mehr, dat heet nu *Empathie*. Dat Büro in´t Huus is een *Homeoffice*, un de Schrievdisch an´n Arbeitsplatz de *Working-Station*.

Nich Autowaschen, *Carwash* nennt sick dat nu!

Outtakes sünd dat, wat egentlich nich passeern sall. *Menschliche Patzer*, wenn in´t Fernseh´n een dörch dat Bild löppt oder Christina, de Reporterin, sick verdoon hett.

Top-Angebot für Wellness-Lounge, för de *Auszeit* - wat is dat vun Tied?- för Körper, Geist und Seel. Un *relaxen* un *chillen* kanns denn ok noch. Oder is dat womöglich dat sülbige? De Levensgeschich vun een Mensch is een *Story-Telling*, un wenn een in de Middagstünn för ´n poor Minuten innücken deit, is dat ´n *Powernac*. Dorno warrt de Arbeit *verdichtet* un Informatschonen *twittert*. In een *Meeting coach* de *Teamplayer*, un in´n Drogeriemarkt giff dat alles *for your Beauty*.

Low-Performer sünd fuule Kollegen, de över annern hertreck anstatt ehr Arbeit to doon. De hebbt wenig *Friends* un beleevt keen *Hipe*.

Wat fröher ´n Dekorateur weer, de Schaufenster utstaffeer, is nu ´n *Visual-Merchandiser*. Huusmusik, *unplugged*. Wo mag sick dat anhörn?

Follower sünd Mitleser. Freten för Katten in Packungen oder in Dosen gifft dat för *Adult, Junior* un *Senior*.

Man dat geiht ok ganz düütsch! *Auslegeware* woor vun de düütsche Sprookroot ernsthaft to dat schönste Wort vun´t Johr mook. De Grund: dütt schönste Wort sull de Charakter vun de Düütschen beschrieven: *schlicht, korrekt, großzügig*! Dat sünd wi denn wull, *schlicht* un *großzügig*! Loot uns de egen Sprook klau´n.

Op de Stadtstroot, buten vör een Loden ´n Schild: *Open*. Dat gifft dor Open! To Köpen, to Bekieken?

Bi´t Patentamt woor een *Läägeünnerloage* indrogen. Düsse Oploog för´n Goornbett, de gifft dat nu, ganz amtlich, op plattdüütsch.Wat is dat schön!

Ick weet nu, wat ick to doon heff. Ick mell mi bi de Volkshochschool to ´n Engelschkurs an. Wenn ick noog lehrt heff, verstoh ick ok dat utwärtige Düütsch un föhl mi glieks wedder to Huus!

Prüfsiegel

Dat reinste Lotteriespeel hüüttodoogs, wat enigermoten Gesundes to eten. Wat is dor intwischen överall in versteken, wat wi to uns nehmt un nix vun weet.

Vogelgrippe, Giff in de Eier, in Solot un Gemüse! Frostschutzmittel in ´n Rotwien un Würmer in de Fisch

BSE, EHEC. Oole Fleesch, ´n nie Zeddel opbackt, un glieks is dat wedder frisch. Dat dat al lang vertehrt is, vertellt se uns. Wüll ick mol vun utgohn. ´N poor Johr oole Fleesch, egol vun wat vun Deert, müss ick nich mehr in de Kookputt hemm.

Gifte, Hormone, Antibiotika, oder ok genmanipuleert. Peerd mit Galopp-Doping, as Rindfleesch verköfft.

Annerletz bi´t Inköpen. Weer nich veel, wat ick bruken sull, Fleesch hüüt nich. Man in so´n Loden sühst dat, ob du wist oder nich. Nu keek ick doch, wat anboden woor.

Een Schild mit de Hinwies: *Mehrfach kontrolliertes Prüfsiegelfleisch.* Wat is Prüfsiegelfleesch? Is dat Fleesch, oder bloß dat Prüfsiegel? Oder ist dat Mehrste, de gröttse Andeel dat *Kontrollierte,* dat *mehrfach Kontrollierte*?

Mehrfach kontrolliertes Prüfsiegelfleesch! Mi lett dat Geföhl nich los, ick heff ´n Stück Papp twischen de Tähn, dat Prüfsiegel, man nix vun Fleesch.

Wi seker künnt wi ween, dat wi nich krank warrt, vun oole Fleesch oder vun süns wat? Worüm vertellt se uns, wo överall schummelt un bedrogen warrt? Wüll ick dat alles weten, wenn ick doch nix dorbi doon kann, dormit dat reell togeiht? Jo, ick weet, de Börger hett ´n Rech op Informatschon!

In de Luff, wo wi nich vör weglopen künnt is ok so veel, wat nich goot för uns is. Bloß, dat wi dat nich sehn, rüken oder schmecken künnt.

Un ok in´t Woter, wat wi drink, schwümmt mitünner allerlei. Vun´t Gesetz her is alles op de Reeg un nich *gesundheitsschädlich*!

Am besten, ick mook dat nu so: Nix eten, nix drinken, keen Luff holen, denn bliev ick gesund. Mol sehn, wo lang ick dat utholen kann.

Schwester Else

Schwester Else is ´n Hochdüütsche. Plattdüütsch kann se wull verstohn, man nich richdig schnacken. Se arbeit in´t Krankenhuus op de Kinnerstatschon.

Dor liggt groode ´n lütt Butsche, bös krank is he. Sien Tohuus is man eenfach, sünd ´n Barg Kinner, un öffmols geiht dat ruuch to in de Familie.

As de Vadder mit Gewehr hanteert harr, weer dat Ding losgohn un harr de Mudder dropen.

Schwester Else dee dat Kind leed, in sien junge Johr´n harr he al veel beleven müss. Dorüm kümmer se sick ´n beten mehr üm em.

He wuss plattdüütsch op, un dormit he sick nich so fremd vörkeem in´t Krankenhuus, wull Schwester Else em ´n Freud moken un ´n beten plattdüütsch schnacken.

Bi de Visite stünn se al üm dat Bett vun de Jung rüm. Schwester Else wull verkloorn, wat dat mit dat Kind op sick harr un see to de Dokter: „Dat is de Jung, wo de Vadder op de Mudder scheten hett!“

Speeltüüch

Annette is ´n lütt Deern vun meis fief Johr, ehr Papa is Schlachder. Hüüt hett he in de Stadt to doon, bi de Sporkass. Hett dor wat to Beschnacken. Annette dörf mit. Se freut sick, wenn se mit ehr Papa utfohrn kann. Dormit ehr dat nich langwielig warrt, wenn de Groten mit´n anner to doon hebbt, nimmt Annette sick wat to Spelen mit.

In de Sporkass pack se dat ut. Op de Disch, de dor steiht, glieks blangen de Schalter. Papa weer nich wieswoorn, wat Annette mitnehm. As de beiden vör´t Huus in´t Auto stegen, harr se een Glas in ehr lütt Hand hatt´, mit ´n Deckel bobenop.

In de Sporkass, Papa weer an´t Vertellen mit de Mann vun de Bank, un op Mol mark he, dat de Lüüd üm em rüm ophelen to Schnacken un no sien Deern hin keken. As wenn se nich glöven, wat se seh´n. Nu müss he sick doch mol ümdreih´n un kieken, wat los weer.

Annette speel ruhig wieder. Kuller de Marmeln över de Disch un pass op, dat se nich doolfull´n.

Man dat weern keen Marmeln, de se mitnomen harr. Dat weern Ogen! Ogen vun´n Schwien. Gau güng Papa no Annette hin, sammel ehr Speeltüüch in un entschüllig sick bi de Lüüd vun de Sporkass.

In tokomen Tied, wenn Annette mit em los dorf beluur Papa sick vörher, wat sien Deern mitnehmen wull to Spelen.

In de Stadt

In de Stadt leev sick dat *anonym*. Keen Mensch kennt de anner, keen een schnack mit de anner oder kümmert sick üm em, heet dat. Dat kann nich angohn, ick heff wat Anners beleevt.

Wat to Antrecken wull ick köpen un fohr in uns´ Landeshaupstadt, no Kiel.

´N Bluus un ´n Büx, dorno keek ick ut. Kunn ween, ick funn ok süns noch wat, wat mi pass un gefull.

In de Loden: Wat geef dat alles! In veele Farven, Formen un Grötten! De Blusen mit un ohne Rüschen, kareert un in Striepen, mit Bloom oder ganz ohne Muster. Mit un ohne Kroog, lang oder kort schneden! Un de Büxen! Eng as´n Wustpell oder wiet un locker üm de Figur, beet an de Hüften oder hoch an de Taille. Mit Taschen, bobenop oder binnen inneiht oder ok ohne. Wat vun Utwohl!

Ick funn wat för mi, mehr as ick egentlich harr hemm wullt un weer tofreden. An de Kass betohl ick un kunn nu to Huus fohr´n, dach denn ober an mien eensome Mann to Huus. Alleen, as he nu weer, müss he sick sien Eten sülm warm moken! Dorbi brenn´ em sogor dat Kaffeewoter an, wenn´t möglich west weer, so leeg em dat Koken. Wat he nu alles op sick nehm! Dorüm wull ich em wat mitbringen vun mien Inkopsorgie, wenn ick to Huus keem.

Ick dreih üm, güng noch mol dörch de Gänge un funn de Grabbeldisch mit Oberhemden. De Hemden weern rech priesgünstig, man to Hanteern mit Farv un Öl lang frisch. Nie mook he sick schietig, wenn he mit sowat togang weer. Dorüm bruuk he sick ok nich ümtrecken, vörher. Achderan groodes Wunnerwarken, wenn´t doch nich so klapp harr. Op düsse Ort un Wies weer al ´n groode Hopen vun Plünn un Lappen tosomen komen.

Ick wöhl mi dörch dat Angebot, söch no de richdige Grödde un güng ´n lütt Stück trüüch. So kunn ick alles beter överseh´n.

Ganz sinnig keem ick gegen de Tasch vun ´n junge Fruu. Weer nix passeert, man ick entschüllig mi bi ehr.

Wat ick denn alles to weten kreeg! Also, meen se, dat ick ehr nu ok noch anstött haar, dat mook al gor nix mehr. Grode eben weer se meisto de Rulltrepp rünnerschubs woorn, wo doch ehr broken Been noch verbunnen un nich richdig tosomenwussen weer.

Se droog een Kind ünner ehr Hart, weer in´n veerten Monat, vertell se wieder. Twischendörch foot se sick mit de Hand an een vun ehr Ogen un froog mi, ob wat verschmeert weer? Nee, wull nich. Man ick wüss jo nich, wie se süns utseh´n, ehr Ogen.

Jo, un ehr Mann, kreeg ick to hör´n, dat weer ´n Utlänner. So düstere Hemden kunn he nich drägen, de passen nich to em. Un de Hemden weern ok al veel to groot! Denn ehr Mann weer, un denn wies se mi sien Grödde an sick, üm un bi man half so groot as se sülm. No ehr Wiesen kunn he ehr komodig ünner de Arms dörchlopen.

Un wenn se, se weer sach sowat bi dörtig Johr oder wat doröber, nich op´n Loopstegg as *Model* togang weer, denn güng se bi anner Lüüd to Reinmoken.

Middewiel haar ick ut de Hopen rutfunnen, wat ick bruuk un wull wieder. De junge Fruu mark dat, dreih sick no mi üm un wünsch mi noch´n schöne Dag. So, as wenn wi uns all lang kennt harrn un meis Fründinnen weern.

Sport-Düütsch

„Ich hoff, dat de düütsche Mannschaff ok in de zweete Halvtied een runne Leistung bring, dat wöör de Leistung afrunnen ...," geef de Reporter sien Kommentar to dat Footballspeel.

„Wenn man em nu in´t koole Woter schmitt, denn kunn he sick de Finger verbrennen!"

„Football is intwischen de Nummer een. Handball ober ok ..."

„De Schweden sünd keen Holländer. Dat hett man nipp un nau seh´n kunnt ..."

„Dat Speel steiht ogenblicklich 1 : 1, dat harr ober ok ümdreiht heten kunnt ..."

„Mol verleert man, mol winnt de annern ..."

„Door geiht he, de groode Speler. Een Mann as Steffi Graf ..."

„De Luff, de nie bin´n weer is rut ut dat Speel" un „de Breechde is an de Spitz dichder woorn ..."

Een goode Root vun de Moderator: „Hool de Luff an, man vergeet dat Luffholen nich!" De Bundestrainer vertell no een Footballspeel, dat sien Jungs so veel Bälle verarbeit´t harrn as noch nie. Man wat hebbt se dormit mook, mit all de Bälle? Dorto hett he nix seggt.

Ick heff ´n Idee! Een Ball dörchschnieden, an so´n halve Deel ´n Schirm anbacken, un de Mütz för de begeisterten Footballlüüd is ferdig. Een *Original*! So giff dat vun een Ball twee Mützen!

Oder de Bälle in de Hackelschmaschin steken. Wenn de in Stripen wedder ruutkoomt, een Teppich dorvun tosomenknütten. De kunn denn so utsehn as de, de dat in een bekannte schwedische Möbelhuus gifft. Löpp keener barfoot över, friewillig un ohne Not.

Man dat weer doch mol richdig wat Schönes för de *Fans*, wat se mit to Huus nehmen kunn´n.

Mien Tähn

Ick seh se nich, ober ick weet, se grient mi höhnsch an. Mien nie Tähn! De wüllt mi nich! Wüllt sick nich mit mi verdrägen, sick nich schicken!

In de letzte Tied weer ick mehr bi de Tähndokter as woanners. För mien Gedühr hett he sick bedank.

De oolen Tähn, ok nich mehr de eegen, vör Johrn toköfft. Weern rech wat bruuk un afschleten, harr´n veele Johr´n ehr Deenst doon. Also nie, meen de *Dentist*, sull´n noch beter warrn. De Fachmann müss dat weten.

Ick weer vull Gottloff, alles woor goot. Wat afschliepen, vun de echten, de ick noch in de Mund harr. Wenn´t nich weh dee, denn rummel un dröhn dat gewaltig. `N Afdruck för de Form. Dat dore Kaugummikroom rutsch to wiet no achdern in de Schlöök, ick kreeg dat Wörgen. De Tronen lepen mi langs de de Backen. Deep Luff holen, dörch de Nees, denn güng dat wedder.

No üm un mi ´n Wuch sull´n de Nie´n ferdig ween. Bloß ´n poor ersetten, de de Tähndokter in sien Klüterkommer för mi mook harr oder för mi moken leet.

Woorn anpass. Vun wegen passen! Wat piern se mi! De ganze Kopp dee mi weh. So güng dat nich. Wedder hin, hier un dor woor wat afschlepen. He geev sick veel Möög.

As dat gor nich mehr güng, Angebot, alles noch mol nie to moken. Wedder vun vörn? Müss ick dörch.

Denn ohne kunn ick bloß eten, wat al vörkaut, lütt mook weer. *Weiche Nahrung*! Dorbi harrn de Oolen dat noch ´n Tied doon, weern gor nich so ring west. Harr ick de man beholen!

Wat nu keem, pass genau so wenig as de vun vörher. Müss wirklich wat passeer´n. Man wat weer dat Richdige för mi?

Een goode Root kreeg ick mit op de Weg, as ick mol wedder in de Praxis weer. Wenn mi de nie´n Tähn to dull knepen, sull ich dat Kauwarktüüch twischendörch eenfach mol rutnehmen un afleggen, in de Middagstünn ... Müss ick nu no´t Eten to Bett, dormit de Tähn Ruh harrn vör mi? Ober woto harr ick se kregen? Ohne mien Kusen bün ick bloß ´n halve Mensch! Ick heff meent, Tähn hört in de Mund, nich in ´n Beker, nich in´t Glas!

Un nu sünd se dor! Sehn kann ick se nich, denn ick lieg noch to Bett, ober ick weet, wie se kiek. As wull´n se mi seggen: Wi wüllt di nich! Hüüt nich, moorn un in tokomen Tied ok nich. Wüllt dien Eten nich lütt moken!

Hebbt Tähn ok ´n Seel? Langsom nehm ick dat nu *persönlich*!

Bliff mi nix anners över, sall ick mi wull mit affinnen. Denn mutt dat dorop af: Kau ick eben op de *Felgen*!

Technik

Nich bloß Mannslüüd möög Auto fohrn, harrst di dach! Ick mag ok ganz gern mol richdig Gas geven, wenn de Stroot frie is. Keen Regen, Sünn in de Rüchspegel un Wind vun achdern, denn koom ick richdig in Fohrt!

Mien Auto, wat ick harr, weer nich mehr dat Nieste, harr mi al wiet un seker dorhin bröcht, wo ick hin wull. Un dat mook beetlang ok, wat dat sull. Sprung an, wenn ick de Schlötel ümdreih, fohr gau oder langsom, as mi dat gefull, un de Bremsen funkschoneern.

Mehr verlang ick nich. Farv eenerlei, Form unwichdig. Dütt Wunnerwark vun Technik, mit veel PS oder KW harrn mi mien Männer anschnack, Mann un Söhn. Alleen wenn ick dat Lich anknipsen dee! Nich bloß Lich an, ferdig! De Lampen weern versteken, ünnert Blech! Woorn ruutklapp, wenn ick op de richdige Knoop drück! Doröber freun sick nich bloß lütte Jungs, ok bi oole Lüüd mook dat bannig Indruck.

Domols, vör Johr´n, harr dat al wat, weer wat Besonderes. Dat *Kockpitt*, anners kunn een dat nich nenn´n, wat ick door alles wies warrn un aflesen kunn!

Wo gau ick fohr, natürlich. Woveel Sprit groode bruuk woor. Ok, wolang ick mit de Rest vun de Tankfüllung noch fohr´n kunn un wann ick in de Warkstee müss to Nokieken. Wo kold oder warm dat buten weer un noch mehr. Man wenn ick mi düsse Wichdigkeiten bekeek, kunn ick mi womöglich nich üm dat kümmern, wat groode op de Stroot passeer!

Leep fein, mien Auto. Wenn ick richtig topeern dee, jungedi! Man denn leet dat, as wenn de Tank ´n Lock harr, so gau woor de Sprit weniger. Ober mook Spoß! An de annern vörbiflitzen, op de Autobohn!

Dorför weer de Kufferruum al vull, wenn man bloß ´n Inkoopkorv in stünn. Un dat Rin- un Ruutkomen weer ´n böse Kruperie, ober - sportlich!

Ick keem vun ´n längere Reis trüüch, alles fein. Auto in de Goroosch, Döörn to, afschlüten, ferdig.

An´n annern Dag wull ick to Inköpen. Ruutfohrn, blink no rechts, nix passeer. Blink no links, ok nix. Ick beluur mi dat vun buten.

De Blinkerlampen lüchen, moken ober man bloß Duuerlich. Wat nu? Liekers, ick müss los.

Kunn bloß helpen, de Hebel mit de Hand bedenen. Dat süns Blink-, nu Duuerlich – güng an. Hebel – rop – rünner – rop – rünner – an – ut – an – ut – an – ut. Bi´t Öben güng dat. Nu rop op de Stroot. `N lütt Stück liekut, denn afbögen, no rechts.

Ick harr jo ööf: Schalter an – Schalter ut, an – ut, an – ut. Mit de linke Hand.

In´n Rüchspegel kieken, achder mi keem een. Woor de wies, wo ick hin wull?

Dat Stüüern nich vergeten. Wieder blinken, beet ick üm de Eck weer, dorf nich glieks ophol´n dormit.

Mien Auto keem in Fohrt, de tweete Gang müss rin. Huul de Motor op, mark womöglich een, dat wat nich op de Reeg weer. Keen Automatikauto, wat ick harr.

Stüüern, mit rechts, blinken, mit links. Schalten? De drütte Hand fehl! Womit nu dat Stüüer holen?

De rechte Foot müss op´t Gaspedool blieven, dat linke Been weer noch frie. Knee hochtrecken, vun ünnen gegen ´t Stüüer drücken, fastholen tomindst. Man mien Tüüch, wat ick an harr, weer to glatt.

Op´t letzt Enn mit´n Ellbogen nohelpen. Ümmer noch blinken, ick weer rüm üm de Eck, schafft!

Düsse korte Tuur, de reinste Angspartie, so güng dat nich. In de Warkstee harrn se nich glieks Tied för mi, mien Söhn keek sick dat Auto an.

De Jung schroof wat ut ´n anner, wedder tosomen, dat Blinken güng.

´N poor Doog loter: De Blinker weern wedder muulsch, wull´n nich. Söhn ran, he kreeg dat hin, funkschoneer.

He fohr ´n Stück mit dat Auto, keek, wo sick de Fehler versteken dee. Keem trüüch, alles op de Reeg. Annern Dag: Ick fohr los, wedder nix. De Blinker harrn de Ohrn anlegg. Un op Mol, ohne dat ick wat dorto dee, alles wedder goot.

So güng dat nich wieder, dat Auto müss in de Warksteh. Dor ankomen, güng mien Auto dat as de Mensch, wenn he Tähnweh hett. Ers is de Pien groot, bi de Tähndokter deit nix mehr weh. So ok bi mien Auto, alles wedder op Best.

Ok de Schruver kunn nich glieks ruutfinn´n, ob dat nu an´n Regen, an de Sünnenschien oder an süns wat leeg. Oder weer de Mond am Enn schuld?

Wi, dat Fohrtüüch un ick, hebbt op düsse Ort un Wies de netten Lüüd in de Warkstee ´n poor Mol besöcht. Beet sick mien Auto doch besinn´n dee un sien Nücken wies. De Schoden woor behoben.

Ick verlang nich veel vun´n Auto. Dat sall fohrn, bremsen, blinken un dat doon, wat ick bruuk. Denn verdrääg wi uns ok, mien Auto un ick.

Utstopp

Hans is Jäger, un männigmol bring he ´n schoten Deert mit to Huus. Dat een oder anner warrt utstoppt, un so hängt in de Stuuv an de Wand allerlei ut Wald un Flur.

Hans un Elke hebbt ´n poor Kinner, de möögt de Tier´n gern lieden. Un wenn dat Pröteln kenn Enn hett, dörp se ok mol een to Hand nehmen.

Oma Hansen warrt dull krank, se wohnt bi de Familie mit in´t Huus. De Kinner sünd besorg üm Oma. Lütt Marcus froog sien Vadder: „Du, Papa, Oma blifft doch nich doot?“ De Kinner speelt ümmer so gern mit Oma.

„Nee,“ meent Vadder. „De Dokter hett wat för ehr, wat helpen deit. Denn kümmt se sach wedder op de Been un warrt gesund.“

Oma süük ´n Tied vör sick hin, denn geiht dat doch to Enn mit ehr. All sünd se truurig.

De Dag vun de Beerdigung kümmt, Mudder Elke treck ehr düster Maddel an. De Kinner mööt to Huus blieven. Se sünd noch to lütt, künnt nich mit.

Markus mook sick sien Gedanken. „Mudder, wat passeert nu mit Oma? Warrt se ingroovt?“ froog he. „Jo“, segg Mudder, „se warrt ingroovt“.

„Ooch“, meent Markus, „dat is doch meis schood. Kanns ehr nich mitbringen? Denn kunn wi ehr utstoppen un noch fein ´n beten mit ehr spelen.“

Kunst

Dor stoht se nu, de Experten. Vör een Bild un rieroot, wat dat bedüden sall. Dreiht de Kopp no rechts, no links. Bekiek dat vun ünnen, vun de eene un vun de anner Siet un spekuleert, wat de Künstler de Menschheit dormit seggen wull.

Ick bewunner so´n Lüüd, denn mitünner is gor nix to sehn! Wenn´t hoch kümmt an de Siet ´n lütt schwatte Veereck mit ´n grööne Punkt op. Groode Kunst!

Un abstrakt! Picasso! Een Oog an´t Kinn, dat tweete? Wüss nich, wo dat noch noch hin sull, hett keen Platz mehr funnen. De Schnuut, ´n kruus Irgenwat is verrutsch, reck beet an de Hals. In de Tied, as he anfung to molen, kunn ´n noch erkennen, wat dat ween sull. Man dat weer noch nich de ganz groode Kunst.

Gifft Biller, de seht ut, as harr de Künstler sick vör dat opspannte Stück Linnen oder Papeer stellt un nich weten, wat he dormit anfangen sull. Un denn, mit Schwung un ´n flinke Dreih, in´n Sprung un ut´n Stand de Farv dor opschmeten.

Oder de Moler, de ´n groode Stück Papp op de Footborm utbreed, sick dorop stell un mit ´n groode Pinsel Kringel, Striche un Punkte verdeel. Dat interesseerte Publikum, vull Bewunnern, versöch, een *Thema*, de Achdergrund, op jeden Fall wat Wichdiges dorbi rut to sehn.

Open un Elefanten hebbt ok al Biller moolt. ´N poor Dusend Euro hebbt de inbröcht, bi een Aukschon. Ümmer mol wedder kregen de Derten ´n Pinsel in Hand oder Rüssel. Weer tatsächlich wat bi ruutkomen. Op een Bild harr een sogor ´n rodes Hart erkennen kunnt!

Dat bunte Veereck! Eckige Kassens in rot, blau un gröön. Ut ´n poor keken Ogen ruut. Een Kunstexperte wull in de *Galerie* to ´n anseggte Tied ´n Inföhrung in dat Wark geven.

Eener röppt „Buh" in een Tuut, schrifft dor wat op un verköff dat Stück för twintig Euro. Dat weer Kunst! Veele Opdräge harr de Künstler kregen, all wull´n düsse Buh-Tuten köpen. Un de Buh-Tuten, dat weer *Aktionskunst*, in veele *westfälische Museen* to finnen, ober ok in´t Uutland. Dat „Buh" weer een fründliche Begriff, man nich de Instellung to een Welt, wo alles Buh is, erklär de Stadt Bochum. Mit Fantasie kanns meis alles to Geld moken.

Över Kunst kann een nich strieden, dor hett ´n Ohnung vun oder ok nich. Ick bün wull eher ´n Banaus´. Wenn mi wat gefallt, denn dörf dat ok Kunst ween. Biller vun Nolde, Skulpturen vun Barlach. Man mien leevste Bild is ´n Kalennerblatt! Een lütt Boot op een See. Dat Woter ruhig, so glatt, dat sick dat spegelt. Rundüm Bööm, ´n beten verschwummen in de Dook, de opstiegen deit. Roh un Freden strohlt düt Bild ut.

Vun uns´ Kinner heff ick noch Biller, de hebbt se molt, as se lütt weern. Op een Blatt hebbt se mit ´n Strohhalm schwatte Farv ut´n anner pust, de verdeel sick in Striepen op dat Papeer un leet witte Placken frie, ganz unegol. De molen se mit bunte Farven ut.

Dat weer Kunst, för mi as Mudder! De Lütten harrn sick so veel Möög geven! De Biller heff ick in Rohmen steken un an de Wand bummelt. Lange Tied harr ick Freud dor an. Un wenn dat ´n nie´s Kunstwark geev, woor utwesselt.

Düsse Biller sull ick mol wedder hersammeln, in een Museum bringen un anbeden as *lang verschollene Kunst*. De *Experten* rieroden loten, in wat vun Tied un wer vun de groden Künstler de wull molt hett. Mi sull mol verlangen, wat dorbi ruutkeem.

Töög

Hüüttodoogs hebbt junge Lüüd Töög in de Kopp, sünd unbannig, mook Dummtüüch? Vun wegen bloß hüüttodoogs! Ok in fröher Tieden hebb se ehr Spoß hatt! Hett sick bloß keen so dull üm kümmert.

Een junge Mann seet in de Wirtschaff un stött ´n Glas mit Beer üm. Dat Glas güng twei, dat Beer leep op de Footborm. „Tja," see de Kröger, „dat koss twee Mark föffdig." „Goot", meen de Gast. Nehm´ een tweete Glas, vull mit Beer, pitsch dat op de Footborm, geef de Kröger fief Mark un meen: „Stimmt so."

Een Jungkerl, de mit sien lütt Auto anfohrt keem, in de Kroog güng un sick dörchschnoorn wull. Anner junge Lüüd harrn dat mitkregen. Veer vun se güngen ruut, nehmen ´n poor groode Steen, bucken dat Fohrtüüch dor op un güngen wedder in de Kroog. No´n Wiel wull de Fohrer los. He güng ruut un steeg in sien Hotschefiedel, dreih de Schlötel üm un geev Gas. De Motor huul as dull, de Röh dreih´n sick, keem´n man nich vun de Stee.

He steeg wedder ut un bekeek sick dat. Seh de Steen, güng trüüch in de Kroog un söch no Help. Tja, meen´n de jungen Lüüd, de em dat Ding hochstellt harrn. Wenn du uns een utgeven deist, denn holt wi dien Auto wedder op de Eer trüüch.

Un denn weer dor Herbert, in´n Danzlokol. He danz nich, seet bloß an de Disch un keek.

In de Meern vun de Danzsool hung an de Deck ´n Lamp. Harr teihn lütte Schöddeln ut Glas, so opbummelt, dat se no ünnnen keken, as op de Kupp stülp.

Herbert seet an sien Disch un keek de Lüchder an. He luuer un luuer. Seh nich, wer sick op de Danzdeel to de Musik dreih, he keek bloß no de Lamp. No´n Tied nehm he een Beerdeckel un piel dormit op een vun de Glasschöddeln.

As *UFO´s* flog een no de anner, ümmer noch mol. Herbert ööf un ööf, ohne dat een dat marken dee oder sick dorüm kümmer.

Rech ´n poor Beerdeckel funnen de Weg no de Lamp, un denn passeer dat: Herbert harr dropen. Mit ´n groode Knall full een vun de Schöddeln dool, mook klirr, bäng, un weer twei. In dusend Stücken leeg de op de Danddeel.

De Kröger geev de Musiker ´n Teken, dat se ophol´n sull´n to spelen. He weer grillsch, söch no de, de dat doon harr.

Herbert seet ganz still an sien Disch un stör em nich bi´t Söken. No´n Wiel see he ganz ruhig: „Dat bün ick west, de de Lamp twei mook hett. Ick heff de dore Schöddel rünnerholt."

De Kröger keek ´n beten verbiestert. Glööv he nich, dat Herbert dat doon harr? Truu he em dat nich to? Un meen denn: „Na, wenn du dat west büst!"

Loot so wat mol in uns´ Tied passeern. Tominds weer dat *Sachbeschädigung* un versöchde *Körperverletzung*.

Nich bloß hüüttodoogs, ehr Spooß harrn de jungen Lüüd fröher ok un ´n Barg Ideen. Man dat hett in keen Blatt stohn, un in´t Radio hebbt se dorvun nix vertellt.

Un nu hört oder lees een meis jede Dag, wat junge Lüüd vun Baggaluten sünd.

Schönen Dag noch!

Egol, wo ick hingoh to Inköpen. Heff ick betohlt un wüll to Huus, wünsch mi de nette Mensch an de Kass: Schönen Dag noch ...

Ick koom mi dor ümmer ´n beten wat merkwürdig bi vör. Wat sall ick dorop seggen? Na ja, blifft bloß: *danke ebenfalls*!

Man wo schön kann de Dag warrn? Moorns üm Klock negen, de ganze Arbeitsdag ligg noch för de, de an de Kass sitten deit. Wer weet, wat vun Lüüd ehr oder em hüüt över de Weg loop! Mööt womöglich ümgohn mit mit tuzige, gnägelige Kunnen. Grillsche, de mit ´n verkehrte Foot ut Bett komen sünd, ´n Luus över de Lever lopen is?

De Fruu an de Kass, Mudder vun twee Kinner, harr Kopweh. De Göörn weern moorns mööd un quakig, harrn nich opstohn wullt, sull´n to School oder no de Kinnergoorn. Un dat woor Tied! Mudder, nu bi de Arbeit, weer hüüt gor nich gern ut Huus gohn. Un denn geef dat ok noch vun de Chef een an de Mütz! Nu kunn de Dag för ehr doch richdig schön warrn, wiel ick ehr ok´n goode Dag wünsch?

Ick sull glieks no´n Tähndokter. Bi´t letzte Mol harr he mi segg, dat dat nich so nett warr´n kunn, wat he bi mi moken müss, wenn ick dat nächste Mol keem.

Denn man schönen Dag noch!

Autotuusch

Erna wull to Stadt. Över de Middagstied fohr ´n Bus an´t Huus vörbi un heel ´n Stück wieder an de Kreisstroot. För de Trüüchtour beschnack sick mit ehr Söhn, no Fieerobend kunn he ehr mitnehmen to Huus. Martin vertell sien Mudder, wo he dat Auto över Dag afstell un geef ehr ´n tweete Schlötel. Erna wüss jo, wie dat Auto vun Martin utseh. Denn kunn se sick al rinsetten, wenn se eher ferdig weer mit ehr Besorgungen un bruuk bi Wind un Wedder nich buten stohn to freern.

Betieds keem Erna bi´t Auto an. Dat güng op Klock fief to, Fieerobendtied. Vun Martin weer noch nix so sehn. Gottloff, se kunn sick nu doolsetten. Dat Rümlopen op de Stadtstroot harr ehr doch anstreng. Weer se nich gewohnt, to Huus, op Land.

Erna schloot dat Auto op mit de Schlötel, de Martin ehr geven harr. Pack ehr Inkoop, de Taschen un Tuten, rin. Sett sick op de Bifohrersitz un tööv.

Nu keek se, wat sick op de Stroot dee. ´N poor Lüüd lepen vörbi, kenn se nich. Denn beluur se sick dat Auto vun binnen. Irgenwie seh dat hüüt anners ut as süns. Hung an de Spegel nich so´n lütt Ding, ´n Popp, de bi´t Fohren ümmer hoch un dool wüppen dee? Na, harr Martin sach afnohmen. Man de Jack, de dor in de Eck leeg, de harr se noch nich sehn. Wer wull nie, so kunn dat ween. Man, nie seh de nich ut.

Irgenwat stimm hier nich. Ober Martin wöör jo glieks komen.

Vun wieden seh Erna em. Mit sien Tasch, in Arbeitstüüch. Güng no een Auto hin un schloot dat op. Ober, wat weer dat? Se seet doch in ´n anner een!

Martin keek sick üm. Wo weer sien Mudder? Weer se doch noch nich dor? ´N lütt Oogenblick sinneer he vör sick hin, dor seh he ehr ut dat fremde Auto krupen. Beide keken de Autos an. De seh´n sick liek! VW Käfer, witt, un de Schlötel harr ok passt! Gau de Kroom ut dat fremde Fohrtüüch, toschlüten, in Martins Auto rin un nix as weg, ehe womöglich de Puzen keem´n.

De Ent

Inge un Hermann wüllt Sünndag ´n Ent eten. Nu steiht Hermann op Wuchenmark an de Stand, wo dat Höhner, Göös, Puten un ok Enten to köpen gifft. Fein trechmookt, rein, ohne Feddern.

As he an de Reeg is, froog em de Verköpersch, wat he wull bruuk. „Een Ent sall ick hemm, “ meent Hermann.

De junge Fruu kiek em froogwies an: „Een männliche oder een weibliche?“

„Ooch“, meent Hermann, „dat is mi eenerlei. Ick wüll keen Enten tüchten, de sall man bloß in de Pann.“

Kössen

Brot, frisch un fein, dat is wat! Künnt wi jede Dag köpen, nu in unse Tied.

Op Land bün ick opwussen, dat weer schön as Kind. Heff nix entbehrt, ümmer alles hatt, wat nödig weer.

Mien Öllernhuus stünn nich in´n Dörp, so´n beten butenvör. Dor geev dat keen *Supermarkt*, wo een man eben mol hinlopen kunn, ok keen Bäcker.

Wi harrn Tante Alma. ´N lütt Hökerloden, ´n Viddelstünnstied tofoot vun uns´ Huus. De Loden, so lütt as de man weer, wat geef dat dor alles to köpen! Zucker un Mehl woor in Tuten schüffelt un afwogen. Tweern, Strümp, Schlickstang för de Kinner. Suure Gurken un Solthering ut Fatt.

Un wat de Ecken alles hergeven! Taschendöker för de Schnööf, Brustbummers gegen de Hussen. No´n Dokter güng keener bloß wegen ´n Verköhlung. Weer alleen koom´, güng vun alleen.

Man wat se ok alles harr, Tante Alma, Brot weer nich in ehr *Angebot*. Un beet no de nächste Bäcker weer dat ´n wiede Weg. Ober twee Mol in de Wuch keem een Bäckerwoog an´t Huus.

Frisches Brot, dat weer wat! Wie dat al rüken dee! Un för uns Kinner dat Fienbrot! Woor dat anschneden, dat knister un knack, licks di all teihn Finger no.

Rundstücken geef dat bloß mol, wenn sick Besöök ansegg harr oder indlod´t weer. Dorüm düsse groode

Freud, wenn dat frische Fienbrot geev. De Köst, lecker as ´n Semmel! Jedes vun uns veer Kinner wull düsse erste Köst am levsten eten, un de kreeg mol de een un denn de anner. Woor gerech opdeelt, dormit keen to kort keem.

Nu hett ´n Brot jo twee Kössen. De erste, frisch un knackig, un denn de tweete, de beet toletz noobliff. Man dormit wull keener gern los, denn weer dat Brot dröög un tunnerig, för´n Leckertähn nich mehr rech wat.

In uns Tied warrt veel Eten wegschmeten, de Lüüd sünd krüütsch woorn, nix is goot noog.

Wenn ick mi op mien Kinnertied besinn, denk ick öffmols: Wie goot schmeck ok noch ´n old Stück Brot, wenn een richdig Hunger hett.

Wer schön ween wüll ...

Dat weer mol wedder sowiet, ick kunn dor nich mehr an vörbi! Nütz alles nix, ick müss no´n Frisör.

To de glücklichen Menschen tell ick mi, de Hoor op de Kopp wussen sünd. Un ick mag se gern ´n beten schier utsehn hemm, nich mang un üm de Tähn. Also los to Stadt, hin no mien „Fruu Putzbüdel“, wo ick ümmer hingoh. De kennt mi al.

As ick in de Loden ankeem, vertellen se mi, dat düsse Kollegin groode hüüt ehr frie Dag harr. Man in´n Ogenblick weer mi dat eenerlei, wer de Scheer an mien wussen Prüük ansetten dee. Se müssen af, de Hoor.

Dat de Schönheit sien´n Pries hett, dat wüss ick. Man nich bloß in Euro un Cent. Dat sull ick hüüt beleven. Wer schön ween wüll, mutt lieden!

Ick tööv ´n Ogenblick. Een junge Fruu, rech drall un mit gnidderschwatt farfte Hoor, keem no mi hin. ´N muulsche Gesich, see man knapp good´n Dag un wies mi ´n Stohl to. Ick vertell ehr, wat se mit mien Hoor moken sull. Waschen, schnieden un drögen. De junge Fruu güng weg, ohne ´n Wort to seggen. No ´n poor Minuten keem se trüüch, mit twee Handdöker un ´n feine bunte Ümhang, alles för mi! So´n lütt Dook für de Ogen, as ick dat süns kreeg, harr se nich mit. Weer hüüt wull nich nödig.

Dat mien *Betreuerin* kräftig buut weer, sull ick glieks bi´t Hoorwaschen gewohr warrn. Jungedi, de lang to! Dat reinste Krafftraining! Un mien Kopp müss dorför herholen! Ober, dach ick mi, dat forsche Koppgniedeln kunn dorför sorgen, dat mien Bregen nich so gau indrögen dee.

Dat Waschen güng op´t Enn to. „Spülung?“ weer keen Froog, dat weer ´n Angebot, wat ick antonehmen harr! Wull ick egentlich nich hemm, ober se harr de Buddel mit dat Kroom al in de Hand. Sull ick ehr de Luun noch mehr verdarven? Also, rop op de Kopp dormit. Nu noch mol spölen. Dorbi nehm se sick mien Kopp noch mol so richdig vör, mit all de bekannte Kraff! Ick keem mi vör, as weer ick in´n Schruuvstock inspannt! Ober denn weern wi, mien Hoor un ick, trech dormit. Deep Luff holen, gottloff!

Nu lee se mi, dütmol rein sinnig, een Handdook över de natten Hoor un bee mi, mit no´n anner Stohl to komen.

Ick sett mi hin. De junge Fruu verschwunn, ohne mi ´n Wort to günnen.

Nu drüppel dat Woter an mi dool, wull de Rüch lang! Mit dat Handdook holp ick mi sülm.

No´n Wiel keem dat Frollein mit Warktüüch trüüch. Man nu wüss se, dat se mi de Hoor nich dröögt haar! Dorüm woor düchdig rubbelt.

Achterno weer ick unördentlich un pusselig an´n Kopp, dat Kämmen güng los.

Een Kamm an sick is ok för mi nix Nie´es. Man dat dore Ding, wat op mien Kopp togang weer, mutt een ut ´t Middelöller wess hemm, anners kunn dat gor nich angohn. De Tähn weern wull extra för mi anspitz? Dat kratz dörch de Hoor, hau ümmer wedder op mien Kopp rüm! Sowat kann een sick nich vörstell´n, dat mutt ´n beleevt hemm! Man dat weer sach ok wedder wat för mien Gesundheit. Ober dat de Deern ümmer wedder mien Ohr´n mit de Kamm tofoten kreeg! Dor weern doch gor keen Hoor an!

As se mit dat Schnieden anfung, kunn ick mi ´n beten verpusten. To Anfang harr ick ehr jo verklookfiedelt, wodennig ick utsehn wull achterno. Vun wegen de Längde vun de Hoor, un wat se noch stohn loten sull, sotoseggen „to Soot“.

Se arbeit´ dull an mi rüm, geev sick veel Möög. As se nu meen, se harr noog afrupps, wies se mi dat Ganze mit ´n tweete Spegel vun achdern. Jungedi, ick verfehr mi! So kort harr ick dat nich hebben wullt! Ober, wat sull ick moken? Nütz jo nix, af is af. Man denn fung se nochmol an to schnieden! Ick dach bi mi: Hoor wass wedder.

Dat Drögen sull losgohn, mit de Warmpuster. Woor ick süns ümmer so mööd bi, wiel dat so schön warm un komodig weer, dat ruschel liesen, güng so sinnig üm mi to. Ick segg jo, süns! Dorvun kunn an düsse Dag nix warrn! Ick sull Bescheed seggen, wenn mi dat to warm woor, harr de junge Fruu mi anboden. Oh, weer dat hitt! Ick mark dat glieks, kunn ober jo noch wat noloten. Man ick sull mi wunnern, dat woor ümmer duller! No´n Tied froog ick, ob se vun de Hitten wat trüüchnehmen kunn? Dat nehm se nu persönlich: Se kunn doch nich marken, dat mi dat to hitt weer, blaff se mi an. Man ick wull doch nich as´n sengelt Hehn to Huus komen!

De Hoor weern dröög, nu sull dat Ganze Form un Fasson kriegen. Woor kämmt un böss un tupiert un sortiert, mit al de bekannte Kraff.

As Krönung keem ´n ördentliche Lodung ut de Sprühbuddel op mien Frisur, wiel dat buten so ruusig weer, regen dee dat ok, un överhaupt! Se meen dat so goot mit mi!

Ick leet ehr moken. Wat kunn nu noch scheefgohn? Man no düsse Behandlung harr ick dat Geföhl, mi seet een Helm op de Kopp, hart un stief! Ober düsse Helm kunn ick nich afsetten, de hör to mi! Nu wedder de Spegel, vun achdern un vun de Sieden.

Dat Endprodukt weer nich so gräsig, as ick vermod´t harr. Weer toveel afkoom, man süns, dat güng noch ...

Wat weer dat hüüt vun harte Tuur! Man een Vördeel harr dat Ganze doch för mi! Dank de gründliche Behandlung müss ick so gau nich wedder no´n Frisör.

Besöök

Wi harrn uns Besöök inloodt. Nette Lüüd, de wi al lang kenn´n, man in de letzte Tied nich sehn harrn.

Wull´n tosomen sitten, schnacken, ´n beten wat eten un drinken, gemütlich sull dat warrn.

Man mit gemütlich weer ersmol nix, denn mien betere Hälfte keem in de Puschen! Egentlich hett he dat mit ´t Reinmoken gor nich so. Man nu! Wenn Besöök kümmt, lett he sick nich dorvun afbringen. Mien Mann, dat wunnderbore Wesen!

He greep no de Puschelbessen un wirbel dormit rüm, keen Eck leet he ut. Man, wat bloß vun Spinnwübben in de Ecken, wo kunn wi bloß so leven, in soveel Schiet!

Süns stört em dat nich, warrt he gor nich wies, nu seh he alles. Un de Schappen, stoffig! Hoffenlich schien de Sünn nich, wenn de Besöök keem! Weer dat dookig, full dat nich so op. Wenn doch, Gedien vörtrecken.

He wisch liekers, beweeg dat Stoffdook gewaltig üm sick rüm. Man üm de Nippes mook he ´n groode Bogen. Dor weer he ganz vörsichtig, de kunn ümfallen!

De Küssen vun´t Sofa müssen verschwinnen, wo he süns ümmer so komog op liggen dee. Af no de de Schloopstuuv dormit. Wat seh dat ok ut!

Süns, to Alldag, lieg nich bloß veer beet fief Küssen un ´n poor Wulldeken op Sofa, op de Disch verdeelt sick mehrstieds ok noch de Zeidung, krüüz un quer. Bi uns warrt wohnt!

Man wenn Besöök kümmt mutt dat utsehn, as weer keen to Huus. Un dorüm wull he mi nu helpen, endlich Ordnung moken. Ick wüss dat to schätzen.

In sowat ´n Stünnstied sull´n uns´ Gäste komen. He konzentreer sick nu op dat Wichdigste, de Afstellkommer. Schohputzkroom, dat Finsterwischdook, de Bessen, Feudel un Leuwoog weern dor bin, un süns noch, wat to Reinmoken bruuk warrt. Is ´n Döör vör, hett keen wat in to söken.

De Böker in de Stuuv, boben op Riech, kunn ´n ok gor nich mehr ankieken! Meen he. So künnt wi doch keen in´t Huus loten! He hol sick ´n Ledder, klarr dor rop un hol Stopel för Stopel rünner, mook se rein un wisch sogor dat Riech af, Böker wedder hoch. Sünd man bloß veer lopende Meter.

He keem mi ´n beten afjachdert vör, as dat an de Döör bimmel. Man denn harrn wi ´n poor feine Stünn mit´n anner. Weer so veel to Beschnacken west, de Tied meis to kort.

Man keener hett ok bloß een vun de reinen Böker ankeken, weer ok nich nieschierig op uns´ Afstellkommer! Egentlich schood, wo de nu so fein op de Reeg weer.

Uns´ Lüüd weern man groode ut de Döör, dor müssen de Küssen ganz gau wedder herholt warrn, rop op Sofa, för de Gemütlichkeit. Beet to de nächste Besöök.

Nieschier

De Mensch is vun Natur ut nieschierig. De eene mehr, de anner weniger. Man een interesseert sick doch!

Klock fief in de Harvst, schummerig buten. Wenn ick denn dörch uns´ lütte Stroot goh warr ick nieschierig!

In de Hüüser goht de Lampen an, ick kann ´n beten rinkieken! Dorbi wüll ick nich weten, wie de Lüüd utsehn doot, de dor in wohnt, ok nich, ob dor ´n nie Sofa steiht oder ´n afschleten Stück Möbel. Nee, de *Atmosphäre*, de Stimmung, de in dat Huus is, de interesseert mi. Un de kann ick vun buten ohnen, vermoden!

Dörch een Schief is ´n Stohlamp to sehn, strohlt warme, gemütliche Lich ut! Dor sitt een ünner, in de Stuuv, op´n komodige Sessel. Lees´n Book oder mook ´n Handarbeit, stopp viellich ok bloß de tweien Strümp vun de Familie un freut sick, dat de Hüüser holl sünd. Eenerlei, schön gemütlich. ´N Tass Kaffee oder Tee dorbi, wat kann schöner ween?

Man ick kann mi ok bös verdoon. Viellich lüch de Lamp ganz eensom un alleen vör sick hin, un de Huusfruu steiht mit´n hochrode Kupp in de Köök an de Herd. Mutt noch wat ferdig kriegen, denn för moorn Middag hett sick een to Eten ansegg. De Kook sall ok noch in de Backoven, un denn müss se egentlich kieken, wat süns noch to regeln is.

Dat alles kann ick vun buten nich sehn. Man bi so´n Fenster mit Lich stell ick mi dat so vör: Dor sitt een in de gemütliche Stuuv, ünner de Lamp, mit ´n Book oder ´n Handarbeit … Man ick kann mi ok verdoon.

Toleranz

Toleranz is ´n Begriff, de in unse Tied gern bruuk warrt. Dat geiht al los mit em un ehr.

Dat Book: „Du kannst mich einfach nicht verstehen – warum Männer und Frauen aneinander vorbeireden.“ Dor hebbt wi dat! Se künnt gor nix dorför, dat se sick nich verstohn doot. Dat is vun de Natur so inricht, de *Chemie* twischen se stimmt eenfach nich! Mannslüüd un Fruunslüüd paß nich tosomen! Sall dat nich ümmer *knallen* twischen em un ehr, help bloß Toleranz, vun beide Sieden. Merkwürdig bloß, dat dat so wenig „Eenspänner“ geven deit.

Ok old un jung sünd sick nich ümmer gröön. Un wer anners utsüht, anners schnacken deit, ´n anner Gloven hett, anner Meen´ is, dor geiht dat bi veele hart an de Grenz vun de egen *Toleranz*.

Vörurdeele sünd jo nu dat Gegendeel vun *Toleranz*. Fruuns hört in´t Huus, in de Köök, bi de Kinner. De Kark wüll ick man butenvör loten, de is nich mehr in.

So sünd dat denn nich mehr dree, man bloß noch twee K´s, womit de Fruunslüüd sick amüseern künnt un süllt.

Dat ´n Mann un Vadder mit Huusholn un Gööm genau so goot ümgohn kann, weet intwischen jedereen, man ´n beten scheef ankeken warrt he doch ümmer noch, wenn he dat deit.

Vörurdeel Nummer twee: Fruuns künnt nich Auto fohrn. Ut de Sich vun veele Männer giff dat door nix an to rippen un rögen – dat is so!

Hett bi de K´s to blieven, süns wackelt dat Weltbild in de Köpp vun de Mannslüüd ganz gewaltig.

Ober dat gifft ok noch echte *Toleranz*! Annerletz fohr vör mi een Auto, een Mann an´t Stüüer. He fohr wat tögerlich. Wo föffdig möglich weer, kreeg he dat Gaspedool man groode beet veerdig dörchpeert. Ick woor al ´n beten hibbelig, wat kroop he bloß de Stroot lang!

Ober düsse Mann fohr mit veel Geföhl! Sien Gesich back meis an de Schiev, so dull streng he sick an.

Noch ´n Tiedlang harr ick em vör mi un beluuer dat Auto. Echte Toleranz kunn ick doran gewohr warrn. Achder op back ´n lütt Schild, un dorop stünn: „Frauen fahren obersupergut!“

Vandalen

Wenn ick hör, dat Eener Annern wat klauen oder toschannen un tweimoken deit, koom ick in de Brass.

Ick doo sowat nich, ick nich! Man, man ick bün ok bloß ´n Mensch!

Lange Tied al seh ick Autos stohn, veele, ´n ganze Reeg. Buten bi´n Autohöker, sull´n verköfft warrn.

Düsse Autos stünn nich liek un rech op´n Platz, nee, scheef, schräg, an´n lütte Barg! Wenn ick dor an vörbi keem, denn woor de *Vandale* in mi woken.

Ganz innerwendig kreeg ick ´n Kiddeln un Jöcken in de Finger! Nu anholen, hingohn un een vun se op de Siet stöten. Ick glööv, ick bruuk man bloß mit mien lütte Finger ´n beten antippen, un dat wöör ganz lich ümkippen un rünnertrudeln. Nee, ick betääm mi, sowat deit ´n utwussen Fruu nich.

In de Adventstied dreih´n halvwussen Deerns in unse Stroot de Lüchen vun de Dannbööm los, de denn in Düstern stünn. Wat kunn man sick an wat vergriepen, wo Lüüd ehr Freud an harrn!

Un denn moken junge Lüüd, egentlich noch Kinner, Geldschiens no. Ganz simpel, mit ´n Kopeerer, in bunt. Harrn gor nich schlech utsehn, weer bi´t erste Hinkieken keener wies to woorn, dat de nich ech weern.

Nu is sowat jo mehr as bloß Dummejungstööch, steiht Stroof op! Man liekers, plietsch weern se doch!

Ok dat öllere Semester hett Ideen! Wenn ick so an „mien“ Autos denk??!

In Amsterdam schmeten Lüüd lütte Autos in de Konols!

Heff ick keen Schuld to! Ick heff de Holländer nix vertellt vun mien Autoschubsen! Ehrlich!!!

Scanner-Piep

Wat weern wie bloß ohne Technik! Nich uttodenken! Technik mook dat Leven so lich!

Wenn fröher een wat schrieven wull, nehm he ´n Bliesticken to Hand, loter denn dat Wunnderwark vun Schrievmoschin! Man dat weern Dinger! Harrst di verschreven, seh dat nich mehr fein ut, un to Vörwiesen al gor nich! Vun wegen *Korrekturtaste* oder *Tippex*! Ober wer domols ´n Schrievmoschin harr, dat weer al wat.

Man noch wiet weg vun dat, wat wi hüüttodoogs hebbt. Un dat güng ok noch mol ohne Strom! Hüüt sünd wi opschmeten, kümmt de nich ut de Steekdoos!

För de Arbeitswelt is Technik wichdig, geiht alles gauer un mehrstieds ok genauer. Ick bewunner oder beduur de Lüüd mitünner, de dormit ümgohn doot.

To´n Biespeel, de an so´n Scanner-Kass in´n Loden sitt. *Streifen-Code* heet dat Wunnerding. Warrt ünner de *Scanner* holen, un glieks, so gau kanns nich kieken, is de Pries in de Kass. Man de ganze Tied: piep, piep, piep, bi jede Deel, wat ick köpen do un nu betohlen wüll. Ick hör dat bloß ´n Ogenblick. Man de Lüüd, de dat de ganze Dag in de Ohren hebbt! Dütt piep, piep, piep! Mutt se doch beet in ehr Drööm verfolgen!

Man dat de Technik bloß so goot is un genau ween kann, as de Mensch ehr dat vertellen oder ingeven deit, dat mark ´n öffmols ers wat loter. Ok Kassen sünd man bloß *Computer*, un as Kunn muss op´n Kiewiev ween.

Wenn ick dat Piep – Piep achder mi un alles betohlt heff, krieg ick een Kassenzettel. Steiht alles op un ick kann sehn, wat dat enkelte kost un ob alles sien Richdigkeit hett.

Solang ick in de Loden bün kann ick Bescheed seggen, wenn wat nich pass. Bün ick to Huus mit mien Inkoop, wisch ick mi de Nees, wenn dor twee Kohlrabi opstoht, de ick nich kregen, ober liekers betohlt heff.

Annerletzt weer ick in´n Geschäff, wo dat alles Mögliche giff, alles för de sülbige Pries, egol, wat ick in de Korf pack. An´t Enn, de Stücktohl pass, de Summ stimm. To Huus pack ick ut. *Glückwunschkarten* stünn mit op de Zeddel, veer Stück! Glückwunschkorten? Harr ick nich köff. Harrn se mi nu doch över´t Ohr haut? Ick keek noch mol alles dörch, keen Glückwunschkorten bi.

Doch nu seh ick se. Mit´n schwatte Rand! Truuerkorten! Een Truuerfall is jo nu wiss un wahrhaftig keen Glück. Man de Kass, düsse Scanner-Piep-Kass kunn de bloß so begriepen un afreken.

Verloot di op de Technik, denn büst du mitünner verloten.

Tante Liese

Tante Liese is doot! Veerunsöbentig Johr is se woorn, letzten Sünnobend is se inschlopen, ganz ruhig. In ehr Öllernhuus, wo se as Kind opwussen un de letzten Johrn wedder leevt hett. Een vun ehr Deerns weer bi ehr, as se röbergüng, no de anner Siet.

Mien Tante Liese! Lütt vun Statur, blanke, graue Ogen. De glatten, griesen Hoor stramm trüüchkemmt, ´n lütte Dutt in de Nack.

Ümmer vergnöögt un gooden Moots, bescheiden in ehr Ort, man ünnerkriegen leet se sick nich.

Suur harr se dat in ehr Leven, müss sick un ehr Kinner alleen dörchbringen. Bi de Buur hett se arbeit, dormit wat to Eten för all de Hungerigen op de Disch keem, wat üm- un antotrecken un för een Dack över de Kupp. Nie hett se kloogt, ümmer doon, wat doon warrn müss, ohne groode Wöör.

Fief Kinner harr Tante Liese. Een Deern storv as lütt, mit sowat teihn Johr. Weer dull krank, un dat geev domols keen Help. Ehr Mann keem nich ut de Krieg trüüch. Wat hett se op em töövt! He weer vermisst. Tante Liese is nu nich mehr, un vun ehr Albert hett se nie wedder wat hört.

Tante Liese weer ümmer to Stee, wenn Help nödig weer. Uns´ Mudder full mol vun de Heuwoog, ach Doog vör´t Vogelscheten. Leeg putschent to Bett, kunn sick nich rippen noch rögen.

An de letzte Dag vör de groten Ferien weer Vogelscheten. Wat ´n Freud för uns Kinner! För mien twee Schwestern, mien Broder un mi. Meis so wichdig in´t Johr as Wiehnachen!

To Vogelscheten kregen wi Deerns nie Kleder, al in de glieke Farf. De neih de Schniedersch Fruu Treptow in Fohrdörp för uns, un uns´ Broder kreeg ok wat Niees to Antrecken.

Süns mook Mudder uns an de Dag, wenn Vogelscheten weer, fein torech. De langen Hoor woorn kämmt, an´t Enn vun de Flechten nie Schleufen bunnen. Witte Kneestrümp, feine Schoh.

Nu kunn Mudder nix doon! För Tante Liese keen Froog, se keem no uns in´t Huus un holp.

Nu, Ende Juni, weern de Erdbeern riep. Tante Liese plöck se, un wi dorven ganz veel dorvun eten! Süns woor sporsom mit de Erdbeern ümgohn, denn de Winder weer lang, un Marmelade för süss hungerige Lüüd woor bruuk. Tante Liese meen: Dat is man eenmol in´t Johr Vogelscheten, un denn süllt ji dat richdig schön hemm!

To Kinnerdanz an ´n Nohmiddag kunn Mudder ok nich mit, un Vadder weer in de Stadt to´n Arbeiden. Tante Liese weer för uns dor, as wenn dat nich anners ween kunn.

`N poor Johr loter wohn´ Tante Liese in de Nechde vun Rendsborg, in Duumstedt. In de groten Ferien dorven wi, mient lütte Schwester un ick, no ehr *ver-*

reisen. Wat weer dat gemütlich bi ehr, in ehr lütt Wohnung!

Bi Tante Liese güng dat sinnig to, ober een „Stille“ weer se gor nich. Wenn de Schwestern sick drepen, Tante Liese, Tante Anna, Tante Frieda un uns´ Mudder, se weern domols negen Kinner west tohuus, wat güng dat denn hoch her! Een Hallo un Juchhei, keem so gau keen anner to Wort.

Bescheiden hett Tante Liese leevt, weer mit wenig tofreden, un afgünstig weer se nie op de, de mehr harrn as se, hett sick ümmer mit anner´n freut.

Un tohörn kunn Tante Liese! Wenn ehr eener wat vertell, un se denn för luder Mitföhlen oder Mitfreud de Hänn vör´t Gesich tosmenschloog, nee, eher sacht tosomenlegg un denn see: „Och, jooh!“ Dorbi keken ehr Oogen truurig oder so blänkern, dat dat ganz Gesich lüchen dee!

Ehr veer Kinner un ´n Barg Enkelkinner, Urenkel, Verwandtschaff un Frünnen, all bröchen se Tante Liese Freud un Leven in´t Huus. De Dööр stünn open för all, un se keken ümmer mol wedder bi ehr rin.

Nu is Tante Liese nich mehr, ick bün truurig. Man harr ick ehr dat noch seggen kunnt, denn harr se mi wull mit ehr leven Ogen ankeken un seggt: „Ooch, loot mi man!“

Wull´n School

As ick Kind weer, weern de Sommer hitter un de Winder veel kooler un länger as nu. De Schnee ganz witt, alles beter un ganz, ganz anners. Wenn ick trüüchdenken doo, an mien Kinnertied. In de Winder huul de Storm mit Iis un Schnee üm´t Huus, keener müch gern ruutgohn bi dat Wedder.

Herd un Omp müssen bött waarn, wull´n wi dat warm hemm in de Stuuv. Vun wegen Heizung, man bloß an een Knoop dreihn.

Holt un Köhlen weern buten, in de Stall, ´n poor Meter af vun´t Huus. Ruut ut de Achderdöör, ´n poor Schree dorhin. Man för ´n Poor koole Ohr´n reck dat al.

Wenn Mudder ruutgüng, wat to Böten rinholen, trock se ´n Jack över un knütt sick ´n wull´n School üm de Kupp. Seh nich fein ut, bruuk ok nich. Wer sull ehr wull wies warrn, wenn se eben üm de Eck güng? Dat eenzig Huus, dat vun uns´ Novers, weer üm un bi hunnert Meter wiet weg.

Letzten Winder wull ick ´n Reis moken. Am leevsten fohr ick mit Auto, man in´n Januar is dat ümmer so´n Sook. Giff dat Iis un Schnee, oder bliff dat dröög? Fohr ick bi Sünnschien los, kann dat ´n poor Doog loter, op de Trüüchtuur, al ganz anners ween. Also Auto stohn loten, woto geef dat de Bohn?

Dat weer al ´n poor Johr her, dat ick dat letzte Mol op düsse Ort un Wies verreist weer. Domols seet ick in´n Afdeel för süss Lüüd. Mi gegenöver een groode Mann mit lange Been, wenig Platz för mi. Wat meis noch leger weer, düt Mannsbild schnack de ganze Tied, luut un vun wat, wat keener hör´n wull. Kreeg keen Antwort, man dat stör em nich, he sabbel wieder. So woorn dat lange Stünn, de ick ünnerwegens weer. Nee, sowat bruuk ick nich wedder.

Dorüm harr ick för mien Reis ´n Platz reserveert. *Großraumwagen, Sitzplatz, Fenster, Nichtraucher*. Dat kost extra.

Bohnfohrn nich so wennt, weer ick ganz rechtiedig, egentlich veel to fröh, op de Bohnhoff in Schleswig. De Toch keem to ankünnig Klockentied, fohr ok glieks los. Alles bestens. Mit de Zuckel-Bimmelbohn beet no Hamborg, vun dor güng dat wieder.

Bohnhoff in Hamborg, ümmer so´n Sook. Op de Hauptbohnhoff muss kieken, op wat vun Gleis du ankümmst. Wenn denn Glück hest, mit de Packeloosch de Trepp hoch, op de anner Siet wedder rünner. Womöglich is de Rulltrepp twei un man bloß teihn Minuten to Ümstiegen.

Ick keem an ´n Bohnhoff Dammtor an. Is ganz eenfach, egentlich. Ruut ut de Bohn, man eben ümdreihn, op de anner Siet wedder instiegen, wenn´t an de Tied is.

Man hüüt weer dat anners. Een Buustee, Steen un Sand överall. De Wind püster kold üm de Ecken, un ick müss annerthalv Stünn töven, beet ick wieder kunn!

Dat geef een Ruum, wo ´n sick dolsetten kunn. Na ja, Ruum weer meis to veel segg: Een Glaskassen. Veer Wänn ut Glas, een Dack över de Kopp, to Föten so wat teihn Zentimeter Luff för de *Zirkulation*. De Stöhl ut Droht, praktisch un kold.

Ick harr vörsorg un ´n lütt Küssen mitnohm, för alle Fälle. Dat grabbel ick nu ut de Tasch, lee op de Stohl un sett mi hin.

Een junge Fruu keek mi ´n beten scheef vun de Siet an, as ick an´t Hanteern weer. Vun ehr Gesich kunn ich aflesen, wat se wull vun mi dach. So wat in de Ort as: Oma, wenn di dat to kold is, weer´s man lever to Huus bleven. Un mi güng dörch de Kopp: Deern, koom du mol in mien Öller. Denn marks du, dat dat beter west weer, nich mit ´n nokelte Buuk bi Wind un Küll buten rümtolopen.

Korte Tied loter keem noch ´n Fruu, wull sick hinsetten. Se keek op de Droht-Sitzgelegenheiten, funn ´n poor Zeidungen, de een liggenloten harr, lee de op de Stohl un sett sick dool. Süh, noch een, de klook weer.

Nu harr ick ümmer noch een Stünn Tied, beet ick wiederfohr´n kunn. Müss egentlich no Tante Meier! Ünnen kunn ick wull finnen, wat ick söch? Womöglich ok ´n Stee, wo dat warm weer un ´n Tass Kaffee geef? An de Rulltrepp ´n Schild: Außer Betrieb. Mit mien Kroom de Trepp rünner un wedder hoch? Un denn vertell mi Een, de hochpuust keem, ünnen weer nix, alles Buustee. Keen Rulltrepp, keen Wirtschaff, keen Kaffee. Also wieder dichholen, mit koole Fööt.

De Tofel *Wagenstandsanzeiger* wies, wo de Waggon ankoom sull mit de reserveerte Platz för mi. Vun wegen! Pass hüüt nich, weer alles verschoben.

Teihn Minuten vör de Tied stell ick mi porot an dat Gleis. De Bohn keem, un ick steeg in. Söch un funn Platz: Nr. 56, an´t Fenster. Een Reserveertschild doröber inklemmt, ick weer ankomen.

Nu rich ick mi in: Koffer no boben in de Afloog. Dat anner Taschenkroom, wat ick ünnerwegens bruken wull, blangenbi, an de Siet. Nehm mien Book to Hand. Wat güng mi dat nu fein! Ick seet. Harr dat week, warm un komodig.

De Reistied vergüng gau. Langewiel harr ick nich un verfehr mi meis, as ick ´n Stimm hör: *Düsseldorf, Hauptbahnhof.* Kroom tosomen grabbeln, ferdig to Utstiegen.

Dor woor ick em wies! Vun de anner Siet keem he, de junge Mann, wull hier ok ruut.

No sien Utsehn keem he ut Indien, Pakistan oder so, jedenfalls vun wiet her. Düstere Huut, ´n schwatte Bort, schwatte Oogen. Man nu dach ick, ick seh nich richdig!

Düsse junge Mensch harr ´n warme Maddel an, dicke Steveln an de Fööt un ´n wull´n School üm de Kopp wickelt, in de Nack tosomenknütt. `N feine bunte weer dat, in Farven as´n Regenbogen, in Striepen weevt.

Dat weer, as seh ick mien Mudder vör mi. Dach an ehr wull´n School, in de Winder, wenn se Holt un Köhlen ut de Stall hol. Un as dat utseh, müch düsse junge Mann de Küll ebenso so wenig as uns´ Mudder.

Wat schön! Hett Mudder ´n ganzes Volk glücklich mook! De Lüüd vertellt, wie se sick bi dulle Küll, ruusige Wind un Iis un Schnee warm holen künnt.

Man dat Mudder so weltwiede Verbindungen hatt hett, no Indien oder Pakistan, dat harr ick bether nich weten.

www.dingsbums.de

Ick heff ´n *Allergie*! Noch nich lang, ober nu! Sowat stellt sick mitünner in! Nich gegen Melk un Nööt, nich gegen Gras, Koh oder Peerd. Ok nich gegen Astern, Hund oder Muus. Ich heff ´n *Allergie* gegen *W.W.W.*!

An dütt *www.dingsbums.de* kümms nich mehr vörbi. Egol wat ick hör´n oder lesen doo. Stoht bloß ´n poor Regen to nieschierig moken, un dor ünner: *Weitere Informationen unter www. ... .de*. In´t Radio vertellt se mi, dat ick to Wohl gohn sall. Dat Programm, wat sick uns´ Politiker vörnohmen hebbt, kann ick in´t *Internet ünner www. ... .de*. to weten kriegen. Man se süllt mi nu vertellen, wat se doon wüllt, sull´n se no de Wohl wat to seggen hemm.

In uns´ Blatt, een Huus to verköpen, bütt de Sporkass an. Keen Bild bi, bloß de Hinwies op dat Eenfamilienhuus. Un denn: *für Objektdetails QR-Code scannen mit Smartfon* un dorbie een schwatt-witt-kareerte Veereck. Womöglich wull ich groode dütt Huus köpen? Kann nix warrn, wiel ich dat nich *inscannen* kann. Un nu goh ick womöglich an mien Glück vörbi?

Reklame in´t Blatt, ´n Waschmoschin. Wedder düsse kareerte Kassen to Inlesen. Mien *Smartfon* sall ick dorför holen, denn krieg ick to weten, woveel un wat vun Programme de Moschin hett, woveel Strom un Woter de bruuk un al sowat.

In´t Puschenkino, een Kookrezept vun ´n *Sternekoch*. Wat he kook, kunn ween, dat schmeck mi, wull ick ok mol moken. Een lehrt jo nie ut! Man so gau kann ick de Toodoten nich opschrieven, de door rinhört. Dat hebbt de Fernsehlüüd wull ohnt oder gor weten. Glieks kümmt dat lütte kareerte Veereck, wat ick inlesen sall. Mit mien *Eifon* oder *Pädd* oder wat dat alles is.

An de Fernbedeenung för de Fernseher harr ick mi domols gau wennt. Bruuk nich mehr vun´t Sofa wrangeln, wenn ick luut oder liesen moken wull oder ´n op ´n anner Konol instellen.

Nu wüllt se mi wedder in Gang kriegen. Oder geiht dat ok vun Wieden, dat *Inlesen*, mit düsse nie Technik?

Zeidung lesen, vun richdiges Papeer? Sowat vun oldmoodsch un överholt! Un am Enn hest ´n Hopen dorvun un musst dat ok noch *entsorgen*! Un ´n richdige Book lesen? Dat gifft doch *digitale* Zeidungs un *E-Books*!

Man wenn dat Elektrische mol nich ut de Steekdoos kümmt, wat denn? Denn hett ´n Uul seten, is nix mit *digital*! Man mit de Zeidung oder mien Book ut Papeer kann ick an´n Dag ok ohne Strom wat anfangen.

Unse Bank bütt *Mitgliederförderung* an. Wer, wat un wie *fördert* warrn kann oder sall, bitte ünner *www.dingsbums.de*. Un nu een nie Tarif. Dat Angebot kümmt mit de Post! Tatsächlich! *30 mobile TAN, Nutzung von App, Online-Filiale + un support mit Telefon*. Wiedere Informatschonen kann een ut de bileggte Zeddel kriegen oder ünner *www.dingsbums.de* mit de *interaktive Kontofinder*, över´t *Internet*.

Hest dat nich, dütt *w.w.w.*, heet dat bloß: b.b.b. - bums büst buten.

Wiehnachsmarkt

Ende November, Sünndag, Klock veer. Düster un dokig. Dor, in de Lichschien vun´t Auto een Schild: Wiehnachtsmarkt, no 200 m rechts afbögen. Ünnerwegens, op de Weg to Huus noch wat Schönes ankieken, fein!

Een groode Hoffplatz mit Autos vun de Besöker. Twischen hohe Bööm een ool´ Buuernhuus, Fachwark. Dörch de Schiev vun de Grootdöör schien Lich no buten. Bi de Ingang woor dat eng. De eene wull ruut, de anner rin. Hier, in de Stall, harrn fröher Köh stohn, de Krüffen noch an de Eer. Balken an de Deck mit Dannengröön un lütte Lüchten.

Heu un Stroh, lütte Köh un Schwien as Speeltüüch dorop. Een Schaukelpeerd! ´N Teddy keek üm de Eck. ´N Stück wieder een Schapp, beide Döörn open. Een Popp harr sick dat op´n warme Deek gemütlich mook. Blangenbi Tüüch för ehr to Antrecken.

Dor, ´n ool Eekenbett. Över de Bettkant een Schluup mit ´n häkelte Insatz, adrett inneiht. Bruuk ´n bloß noch ´n Deek intrecken.

Buuklötze ut Holt för de ganz Lütten. Schoopsfell, dick un warm. Puschen ut Wull, strichde Handschen un Schools för de Winder. Schöddeln mit Appeln un Nööt. Poppenhüüs för lütte Deerns un Jungs, fein utstaffeert, harr een am levsten in wohnen müch, so fein seh dat ut. Bunt bemolte Glaskugeln för de Dannenboom, passende Spitzen dorto.

In een Eck ´n Köhlenherd, Appelkoken in de Pann. Wo dat rüük! Dorbie ´n groode Putt mit Kaffee.

Noch´n Schapp! Binnen stickte Deken, för de Wiehnachstied. Tassen un Teller, ´n Wiehnachsmann opmoolt. Wiehnachtsstimmung keem op.

Dat duuer ´n Tied, beet ick alles bekeken harr. Ümmer wedder stohn blieven, noch mehr Schönes sehn. Wat weer dat mol nett mook!

De Gänge vull vun Lüüd, güng man langsom wieder. Ober dat lohn sick wirklich!

De Mehrsten vun de Besöker Fruuns, sach alleen hier. Man bloß twee Mannslüüd in dat Gewöhl.

Ich weer mit mien Hans-Werner komen, man he harr bald dat Wiede söch, kiek ümmer ´n beten wat gauer. Nu harr ick ok alles seh´n un ok wat köff.

Ick güng ruut, vör de Döör, nu regen dat as dull. Vun de Bööm pladder dat Woter, de Hoffplatz blänker vun de Natten. Wo weer mien Mann afbleven?

As ick üm de Eck keem, woor ick em wies! Un nich bloß em! Een ganze Reeg vun Mannslüüd stünn dor! Drücken sick an de Wand, schuul´n ünner dat schmale Stück Dack. Enkelte harrn ´n Schirm opspannt, un ünner ´n poor damp dat mächdig. Af un an luuer een vun de Mannslüüd achder de Regenschutz ruut. Wer dor nich groode een ut de Döör komen, womöglich de egen Fruu? Schirm wedder hoch: Nee, weer se nich! Wieder freern. Een vun se versöch, sick de Fööt warm to peer´n.

As Höhner op de Wiemel, so stünn düssen Manns-lüüd dor. Harrn sick in ehr Schicksol fügt, as dat utseh.

Ober to Wiehnachen, ünner de Dannenboom in de warme Stuuv is alles vergeten.

De Puut

Dat güng op Wiehnachen to, un in uns Familie weer dat begäng, dat Hilligobend een Puut op de Disch keem. Keen vun´n *Supermarkt*! Dat müss een ween, de in´t in´t Grööne optrocken weer. Tante Anna un Onkel August besorgen de för uns. Se wüssen, wo dat de Beste geef.

Tante Anna un Onkel August wohnen op Land, in Angeln. Schnacken plattdüütsch, so as wi ok. Mit Telefoneer´n weer dat domols noch nich wiet her, man schreev ´n Postkort.

Tante Anna weer för goot Eeten to hemm. Se kook un eet gern, un dat kunn man ehr anseh´n. Ok ´n feine Stück Kook harr se ümmer porot.

Wenn se Kaffee kook, keem in de Kaffeekann, vöör in de Nipp, ´n Stück Papeer, tosomenrullt. Dormit de Jüüch, dat Aroma, nich fleuten güng.

Dat koken Woter woor direkt op dat Kaffeemehl goten, nich dörch ´n Filter verschannelt. Un´n Kaffeemaschin keem ehr al gor nich in de Köök.

Tante Anna weer ümmer vergnöögt, se lach gern. Un wenn se lach, lach alles an ehr. De Ogen, dat ganze Gesich, över de Bost beet no de Buuk, de denn rein in´t Bevern keem.

Beet to de Fieerdoog weer´t nich mehr lang hin, de Puut sull nu wull schlach ween un müss denn afholt warrn.

Dree Doog vör Hilligobend keem de Kort. Dorop stünn: *Der Puut is da*! Schreven vun Tante Anna. Wat hebbt wi uns höögt! Tante Anna, so as se ümmer schnack, un nu harr se dat mit dat Hochdüütsche versöcht.

Dat is al veele Johr´n her. Man wenn to Wiehnachen een Puut op de Disch kümmt, denn heet dat ümmer noch: *Der Puut is da*!

Anners eten

Oldjohrsobend. De Schnee füük üm´t Huus. Siet dree Doog schnie dat nu, un de iisige Wind feeg alles to groode Hopen tosomen. So veel, dat op de Stroten keen Dörchkomen mehr weer.

Fruu Meier wohn´ bi uns in´t Huus, to eben Eer. Een ganz Nette, beter harrn wi dat nich hemm kunnt as mit ehr.

Keem´ wi ut de Urlaub trüüch, weer uns´ Goorn so rein as süns dat ganze Johr nich, un de Keller harr se ok oprüümt. Fruu Meier föhl sick ümmer so alleen, wenn wi nich in´t Huus weern.

Kook se Kaffee un mark, ick harr to doon, geef dat ok ´n Tass för mi. Keem ick vun´t Inköpen, stünn öffmols de reine Wäsche op de Trepp. Harr se vun de Lien nohm, plätt un akkoroot tosomen leggt. Un weer bi mi Eten över, wiel ick mol wedder toveel kook harr, kreeg Fruu Meier ´n Portschon mit af. Wi verstünn uns, ok ohne veel Wöör.

Mol wull ehr eener över´t Ohr haun. Harr ehr ´n Zeidung andreiht, een *ABO*, wat se egentlich nich hemm wull. Man de beiden jungen Mannslüüd harrn ehr so tosett, schnack un schnack, dat se ünnerschreev. Unglücklich dovöver vertell se mi dat. Hebb wi gau ´n Breef schreven, un dat weer ut de Welt.

Fruu Meier harr ehr lütt Wohnung ünner uns. Wenn unse Kinner mol so richdig in Gang weern, hüppen un toven in de Stuuv rüm, denn wackel bi ehr de Lamp an de Deck. „Dat is fein,“ meen se, as ick ehr dorop anschnack. „Ick freu mi, wenn ick de Kinner hör, denn is Leven in´t Huus.“

Hüüt weer de letzte Dag in´t Johr, un dat schnie ümmer noch. In´t Radio mell´n se, dat över Land de Stromleitungen ünner de Last vun de Schnee tosomenbroken weern. Nix güng mehr.

De Fensterschieben setten sick vun buten to mit Iis un Schnee. Bloß ´n lütt Kiekfenster bleev, ut de warme Stuuv dat Wedder to bekieken.

Füüerwehr, Polizei un anner Helpslüüd weern de ganze Tied, ok de Nach över, ünnerwegens. Menschen to helpen, de in Not weern. De junge Mudder, wo dat Kind op de Welt wull in´t Krankenhuus bringen, een Kranke no´n Dokter un Lüüd mit dat Notwendigste versorgen.

To Oldjohrsobend woor Fruu Meier süns ümmer vun ehr Söhn afholt. Man an´t Autofohrn weer nich to denken, nich mol op de Stadtstroot.

Nu kunn se nich ut´t Huus, man alleen sitten sull se ok nich. So froog ick ehr, ob se no uns komen wull. Wat eten, ´n beten schnacken, mit uns tosomen sitten.

Se freu sick un keem gern. Wi setten uns an de Disch, alles weer poroot. Teller, Gobel un Messer, wat to Drinken. Solot, Soßen un Brot. Fleesch in Stücken schneden, de Fondüüputt weer hitt.

Fruu Meier keek unruhig op dat, wat vör ehr stünn. Weer jo alles anners, hüüt, wegen dat Unwedder. Se keek mi an, un denn meen se, ´n beten wat unglücklich: „Mööt wi dat Fleesch nu roh eten?“

* * *